团队领导力 17法则

跳出管理陷阱，零内耗带人成事

［美］约翰·C. 马克斯维尔 / 著　　诸葛雯 / 译
（John C. Maxwell）

THE 17 INDISPUTABLE LAWS OF TEAMWORK

EMBRACE THEM AND EMPOWER YOUR TEAM

民主与建设出版社
·北京·

© 民主与建设出版社，2021

图书在版编目（CIP）数据

团队领导力 17 法则 /（美）约翰·C.马克斯维尔著；
诸葛雯译. —— 北京：民主与建设出版社，2021.4（2024.2 重印）
书名原文：The 17 Indisputable Laws of Teamwork:
Embrace Them and Empower Your Team
ISBN 978-7-5139-3437-4

Ⅰ.①团… Ⅱ.①约… ②诸… Ⅲ.①团队管理
Ⅳ.① C936

中国版本图书馆 CIP 数据核字 (2021) 第 057969 号

Published by arrangement with HarperCollins Leadership,
a division of HarperCollins Focus, LLC

著作权合同登记号 图字：01-2020-4356

团队领导力 17 法则

TUANDUI LINGDAOLI 17 FAZE

著　　者	［美］约翰·C.马克斯维尔
译　　者	诸葛雯
责任编辑	程　旭　周　艺
封面设计	红杉林
出版发行	民主与建设出版社有限责任公司
电　　话	（010）59417747　59419778
社　　址	北京市海淀区西三环中路 10 号望海楼 E 座 7 层
邮　　编	100142
印　　刷	三河市宏图印务有限公司
版　　次	2021 年 5 月第 1 版
印　　次	2024 年 2 月第 2 次印刷
开　　本	690 毫米 × 980 毫米　　1/16
印　　张	15
字　　数	170 千字
书　　号	ISBN 978-7-5139-3437-4
定　　价	59.00 元

注：如有印、装质量问题，请与出版社联系。

名家点评《团队领导力 17 法则》

马克斯维尔博士是公认的领导力专家，他清醒地认识到，所有伟大的领导者都必须依靠他人来创造成功。《团队领导力 17 法则》简明扼要地将复杂的团队合作编排成一个用以打造和增强团队力量的有意义的过程。

—— 理查·狄维士（Rich DeVos）

安达高联合创始人、所有者，NBA 奥兰多魔术队主席

这 17 条法则全都真实有效。我执教的团队就是证明。约翰出色地将它们提炼成个性化、有意义并且可传授的原则。先从一、两条法则开始——一旦看到它们对团队所产生的影响，你很快就会开始应用全部的 17 条法则。

—— 帕特·海德·萨米特（Pat Head Summitt）

田纳西大学女篮教练

无论你的团队是你的家庭、你的企业，还是你的球队，你都会发现这本书对你来说不可或缺。马克斯维尔的法则永远也不会过时。不论你在建立怎样的团队，这本书都能够帮到你。马克斯维尔确实是这方面的权威！

—— 克里斯·莫滕森（Chris Mortensen）

ESPN 评论员

美国领导力大师约翰·马克斯维尔又出版了一部著作。只不过这一次他选择的主题是团队合作。约翰的新书是对团队合作的权威分析。你一定得读一读这本书，然后将它推荐给更多的人。

—— 帕特·威廉姆斯（Pat Williams）

奥兰多魔术高级队副总裁

我有幸带领球员站上了橄榄球运动的最高领奖台，因此我很清楚打造一支冠军球队需要什么。约翰·马克斯维尔将其在上一本关于领导力的书中所展现出的敏锐洞察力带入了这本以团队合作为主题的新书中。我由衷地推荐这本《团队领导力17法则》。

—— 丹·里夫斯（Dan Reeves）

亚特兰大猎鹰队主教练

约翰·马克斯维尔就是有效领导力的化身。他不但才华横溢，而且学富五车。他在《团队领导力17法则》中与我们分享了他的分析性研究，并且用现实生活中的案例为我们做出了说明。

—— 弗雷德·史密斯（Fred Smith）

《今日领袖》资深特约编辑

想要创建团队、实现梦想的企业家就必须读一读马克斯维尔的这本书。

—— 洛威尔·帕克森（Lowell W. Paxson）

帕克森通信公司、派克斯电视台董事长

约翰·马克斯维尔又推出了一本新作。这本关于团队合作的书颇有见地，书中满是令人难忘的轶事、富有创意的插图和务实的实用建议。我非常喜欢这本书，相信你一定也会喜欢！

—— 帕特·麦克米伦（Pat MacMillan）

团队资源股份有限公司首席执行官

我真的十分喜欢《团队领导力 17 法则》。它与我的理念十分相符。

—— 博比·鲍登（Bobby Bowden）

佛罗里达州立大学足球队主教练

我曾在高中足球队执教，后来在美国家庭人寿保险公司创建了一支商业团队，旗下的经纪人由最初的 85 名逐渐拓展到了 225 000 人。我要为马克斯维尔的《团队领导力 17 法则》鼓掌。我会向所有领导者推荐这本书，不管他们团队的规模是小是大。人人都爱胜利者，这本书中全是确已成功的胜利者。

—— 阿特·威廉姆斯（Art Williams）

美国家庭人寿保险公司创始人

个人可以得分，但是只有团队才能赢得比赛。《团队领导力 17 法则》可以教会个人如何拿下更多的分数，助力团队赢得更多比赛的胜利。

—— 金克拉（Zig Ziglar）

作家 / 励志大师

致 谢

我的每一本书都是团队合作的成果，这一本也不例外。我要对那些协助我完成《团队领导力17法则》创作的人们表示感谢：

感谢音久集团，在他们的帮助下，我对这些法则进行了充分的思考并逐渐将其完善。

感谢我的妻子玛格丽特·马克斯维尔的金玉良言，她是我最好的朋友，也是我的头号队友。

感谢琳达·艾格斯，她总在关照我生活中的所有细节。

感谢凯茜·惠特，她为本书的创作开展了出色的研究。

感谢斯蒂芬妮·威泽尔，她校对、编辑了手稿中的每个单词，使它变得更加流畅。

感谢查理·维瑟，他的文字将我的影响力扩展到了全世界。

前 言

从某种程度上来说，每天你都是某个团队的一员。问题的关键不在于你是否会与他人合作？而在于你与他人的合作能否算是成功？你可以在本书中找到后者的答案。

众所周知，团队合作是件好事；事实上，绝对有必要开展团队合作！可它到底是如何运作的呢？是什么造就了成功的团队？为什么有些团队能够直登巅峰，将愿景变为现实，而另一些团队却似乎一事无成，原地踏步？

这些问题的答案并不简单。否则，就会有越来越多的运动员蝉联世界冠军，财富 500 强的座席也永远不会发生变化。

学习团队合作的一个挑战就是，即使有些人已经带领团队登上了所在领域的巅峰，有时，他们也很难分辨出一个伟大的团队与一群似乎无法拧成一根绳的个体之间的差别。有人会说，成功的关键在于是否拥有强烈的职业道德。可是，你的身边不就有许多勤勤恳恳却从未与人精诚合作、发挥潜力的人吗？另一些人则认为，伟大的团队是队员之间产生化学反应的结果。可他们又常说："我无法解释你是如何打造出伟大团队的，但是只要看到团队，我就肯定知道。"可是你要怎样才能弄明白个中缘由，从而学到可以用来建设你自己团队的经验呢？

作为一个每年都要花无数时间与现场观众交流的沟通者，我一直在寻找能以简单的方式将复杂的道理教给人们的办法。这就是沟通者需要做的事情——化繁为简。1998 年，我撰写了《领导力 21 法则》一书，希望能将我在 30 年里从领导团队的过程中学到的经验分享给大家。这本书在读者中引发了热烈反响，并且登上了《纽约时报》商业书籍、《华尔街日报》、《商业周刊》和基督教书商协会的畅销书排行榜。对此，我感到十分欣慰。但更重要的是，过去几年里，当我在美国以及全球五大洲的其他地方教授这些法则的时候，很高兴地看到人们已经将这些法则运用到了自己的生活之中，他们的领导力也因此得以提升。这些法则改变了人们的生活，我知道我已经找到了帮助人们学习领导力的有效方法。

我的愿望是使团队建设技巧尽可能像领导力那样易于掌握、记忆和实施。我想揭开它的神秘面纱。这就是为什么我一直在尽力探寻团队合作法则的原因。法则的妙处就在于你可以依赖它。不管你是谁，背景如何，抑或是面临怎样的情况，你都可以依靠法则达成目的。

你会发现，我在传授这些法则的时候往往会从领导者的角度探讨团队合作这个话题——这种处理方式不无道理，因为领导者正是将团队成员凝聚在一起并且带领他们走向胜利的人。不过，并非只有领导者才能从本书中受益。不论你是领导者还是追随者，教练还是运动员，老师还是学生，父母还是孩子，首席执行官还是志愿者，你所做的一切都有赖于团队合作。不论身份如何，只要能够学习并运用这些法则，你的团队合作能力就可以得到提升。你和队友学到的法则越多，就越有可能将一群个体转变为一支无往不利的团队。

团队的形式与规模各异。如果你已经结婚，你和你的配偶就是一个团队。如果你受雇于一家公司，你和你的同事就是一个团队。如果你愿意成为一名志愿者，你和你的同伴也是一个团队。丹·迪瓦恩曾玩笑般地说过："团队就是团队。莎士比亚不止一次这样说过。"也许这位才华横溢的剧作家压根儿就没有说过这句话，但是这个概念却绝对正确。这就是团队合作为何如此重要的原因。

最近，一位刚步入职场的年轻领导者在我授课的时候走过来问我："约翰，关于团队合作，我需要知道哪一点？"

"哪一点？"我答道，"这个问题可不好回答。"

他并没有放弃："告诉我怎样着手开始就行。我只想知道最重要的一点。"

"好吧，既然你都这么说了，"我说，"你只需要知道一件与团队合作有关的事情，那就是关于团队合作，你需要了解的东西绝对不止一点。"

起初，他诧异地看着我，后来似乎显得有些恼火。但是随后，他突然眼睛一亮。

"我明白了，"他说，"这是一段过程。好的，好的。我已经准备好了。我愿意花时间去学习。"

我也想鼓励你这样做，通过努力学习成长为一名伟大的团队成员与团队建设者。一旦开始阅读这些团队合作法则并将其付诸实践，我想你就能发现他们会对你生活的方方面面产生积极的影响。如果你打算沿着这条道路继续前行，也请你记住：没有哪一条法则可以独立存在，只有将他们联系在一起，才能发挥出巨大的力量。学到的法则越多，你就会变得越优秀。

享受这个过程，尽你最大的努力，同时永远不要忘记，无论你想做什么，梦想的实现都离不开团队合作。

目　录

1 重要性法则

个人的力量太过渺小，不足以成就伟业

你的梦想是什么？莉莉·塔奇科夫希望能够治愈癌症。她不是科学家，也不需要成为科学家。她只需要了解重要性法则就可以。

2 大局法则

目标比角色更重要

是什么促使美国前总统搭乘长途巴士横穿美国，睡在地下室并且做了一周的劳工？你可以在大局法则中找到答案。

3 人尽其才法则

每位成员都能找到最能发挥其价值的位置

如果你是自由世界的领导者，你将如何决定有能力完成任何工作的人的任务——包括你自己的工作？如果想让所有人都成为赢家，你就应该使用人尽其才法则。

8 坏苹果法则

态度糟糕的团队注定走向失败 / 093

人们期望自己可以碾压对手。获胜所需的才华与雄心他们全都具备。可是他们非但没有占据市场的主导地位，反而自毁长城。要是他们知道坏苹果法则就好了。

9 可靠性法则

队友须能在紧要关头互相依靠 / 105

也许在你的公司里，就算有人在关键时候掉了链子，也不是什么人命关天的大事。可是如果家族企业碰到这样的事情，就真可能有人因此离世。这就是为什么可靠性法则对他们而言如此重要的原因。

10 代价法则

先付出代价，才能激发团队活力 / 117

这家公司本可以成为世界上最大的零售商，可是它却在经营了 128 年后被迫停业。为什么？公司领导因为无视代价法则付出了代价。

11 记分板法则

明确自己所处的位置，就能做出调整 / 129

成千上万家网络公司已经破产。许多"成功"的公司仍在等待可以盈利的那一天。然而这家公司始终立于不败之地，一直在不断发展、盈利！为什么？因为它一直遵循记分板法则。

12 板凳法则

伟大的团队都有深度

谁通常是公司最有价值的球员？首席执行官？主席？顶级销售员？你觉得这个人可能来自人力资源部吗？如果了解板凳法则，你就一定会这样想。

13 身份法则

共同价值界定团队

如何让成千上万的人对仓库的工作或是穿着鲜艳的橙色制服、满足客户所有需求的工作感到兴奋？伯尼·马库斯与阿瑟·布兰克通过在身份法则做到了这一点。

14 沟通法则

互动促进行动

10 年来，这个团队更换了 10 位领导者。员工筋疲力尽、苦不堪言，公司的现金也在不断流失。戈登·比顿将如何拯救这家排名垫底的航空公司免遭破产的命运？他的第一步是运用沟通法则。

15 优势法则

领导力决定团队差异

这个团队的问题十分严重。团队成员拥有大展拳脚所需的一切——才能、支持、资源——独独缺了最重要的一样东西。扭转局势的唯一希望就是找到一个满足优势法则的人。

16 高士气法则

是什么促使一个连游泳都不会的 50 岁男人忍受世界上最艰苦的铁人三项训练的痛苦？原因并不是中年危机，而是高士气法则。

17 股利法则

你曾经被人哄骗着接下一份工作吗？摩根·伍登就曾遇到过这种情况。结果，他改变了成千上万孩子的生活。他致力于奉献的一生将会教会你有关股利法则你需要了解的一切。

1

重要性法则

个人的力量太过渺小，不足以成就伟业

谁是你心目中的英雄？好吧，也许你说不出一个具体的名字。那么让我换个问法：你最崇拜谁？你更希望自己能像谁那样？谁能唤起你的激情，让你思如泉涌？你是否崇拜……

· 行业的创新者，比如亚马逊创始人杰夫·贝佐斯、联邦快递之父弗雷德·史密斯或是微软创始人比尔·盖茨？

· 伟大的运动员，比如 NBA 巨星迈克尔·乔丹、女飞人马里昂·琼斯或是棒球明星马克·麦奎尔？

· 创作天才，比如天才画家毕加索、建筑奇才巴克明斯特·富勒或是音乐才子莫扎特？

· 流行文化偶像，比如性感女神麦当娜、波普艺术领袖安迪·沃霍尔或是摇滚歌神猫王？

· 精神领袖，比如卫理宗创始者约翰·卫斯理、福音布道家葛培理牧师或是天主教慈善家特蕾莎修女？

· 政治领袖，比如亚历山大大帝、查理曼大帝或是丘吉尔？

· 电影业巨头，比如格里菲斯、查理·卓别林或是史蒂文·斯皮尔伯格？

· 建筑师和工程师，比如弗兰克·劳埃德·赖特、斯塔雷特兄弟或是约瑟夫·施特劳斯？

· 革命性的思想家，比如居里夫人、爱迪生或是爱因斯坦？

或者你所列的名单中还包括我未曾提及的某个领域的杰出人士。

毫不夸张地说，我们都崇拜成功者。美国人尤其崇拜开拓者和敢于冒险的个人主义者，崇拜那些即便面对困难与反对，依然独自战斗的人：在蛮荒之地开辟家园的拓荒者、在枪战中英勇对敌的旧西部①治安官、独自飞越大西洋的飞行员以及凭借思维的力量改变了世界的科学家。

独行侠的误区

尽管我们崇拜个人成就，但事实上没有人能够仅凭一己之力完成任何有价值的事情。**认为仅凭个人力量就能成就一番伟业的想法其实是一种误解。**单枪匹马就能单挑一支敌军的兰博只存在于电影之中。即便是独行侠也不是真正意义上的孤家寡人，无论去往何处，他都会和唐托②共乘一骑！

具有重大意义的事件从来都不是依靠某一个人的行动完成的。透过表象去探究本质，你就会发现，所有看似单打独斗的行动实际上全都是团队

---

① 美国西部是指阿巴拉契亚山以西至太平洋沿岸这一广大地区，但又以密西西比河西岸为界将西部一分为二：密西西比河以东为旧西部，以西为新西部。（译者注）

② 电影《独行侠》的主人公是一名戴着面具的游侠，他原本是得州骑警，在追捕一伙不法之徒时险些送命，后来在印第安人唐托的治疗和照顾下逐渐康复，并从此戴上面具、骑着白马和唐托一起在西部旷野惩恶扬善。（译者注）

努力的结果。拓荒者丹尼尔·布恩在开辟荒野之路^①时身旁就有来自特兰西瓦尼亚公司的同事为伴。西部警长怀亚特·厄普也有两位兄弟和霍利迪医生帮衬^②。飞行员查尔斯·林德伯格则得到了九名圣路易斯商人的支持，瑞安航空公司也为其制造了横跨大西洋所用的飞机。即便是用相对论彻底改变了世界的科学家爱因斯坦也不是在真空中进行研究的，对于他人在研究中给予自己的帮助，爱因斯坦曾经这样说过："每天，我都能几次三番地意识到，我的物质生活与精神生活均建立在别人的劳动之上。他们有的已经逝去，有的尚在人世。我意识到，我必须竭尽全力才能给予程度相当的回报，以此回馈我所得到的一切。"诚然，强势领袖与富有创新精神的个人冒着巨大风险取得的成就是美国历史的鲜明标志，但这些人始终都是团队的一名成员。

经济学家莱斯特·瑟罗曾就此作出这样的评论：

在美国的历史、文化或传统中，没有任何东西与团队合作相抵触。团队在美国历史上极其重要——马车队征服了西部荒野；流水线上相互配合的产业工人征服了世界；成功的国家战略与大量的团队合作使美国人成为第一个（迄今为止也是最后一个）踏上月球土地的人类。但是美国神话只颂扬个人……在美国，几乎所有活动都设有名人堂，可你却找不到一座歌颂团队合作的纪念碑。

---

① 他带领第一批肯塔基定居者穿越阿帕拉契亚山中的坎伯兰峡，开拓了一条荒野之路，使其他人得以追随他们的脚步。（译者注）

② 厄普与兄弟以及霍利迪等人搬迁到墓碑镇，并与该地的地方政治势力发生冲突。1881年，厄普等人在不到一分钟的枪战中杀死政治宿敌，引发政治复仇风暴。最后厄普与宿敌在牧场决战，数人重伤死亡。好莱坞以厄普的故事为蓝本拍摄了众多电影。（译者注）

我必须说，我并不赞同瑟罗得出的结论。毕竟，我曾经参观过为纪念海军陆战队在硫磺岛升起美国国旗而在华盛顿特区建造的美国海军陆战队战争纪念碑。但是在某些方面，他的话并没有错。在建设美国的过程中，团队合作始终至关重要。这一点也适用于世界上的所有国家。

团队合作的价值

中国有句谚语："一个好汉三个帮。"事实上，团队合作是一切伟大成就的核心。问题不在于团队是否具有价值，而在于我们是否承认这一事实并能成为更好的团队成员。这就是为什么我认为个人的力量太过渺小，不足以成就伟业的原因。你不可能仅凭一己之力成就任何真正具有价值的事情。这就是重要性法则。

我敢打赌，你根本无法从人类历史中找到哪怕只是一件仅凭一己之力就完成的具有划时代意义的事情。不管你想到了谁，你都会发现他的背后站着一个团队。因此，林登·约翰逊总统才会说：**"没有集体智慧无法解决的问题，却鲜有仅凭个人力量就能处理的难题。"**

C.吉恩·威尔克斯在《跟耶稣学领导》（*Jesus on Leadership*）一书中指出，团队的力量有着深刻的历史渊源，不仅在现代商业世界，甚至在圣经时代也都显而易见。威尔克斯断言：

·团队涉及的人员更多，因而较之个人，它能够提供更多的资源、想法与活力。

·团队将领导者的潜力最大化，也将其弱点最小化。相比之下，个人身上的优势和劣势则更加明显。

·团队会从多角度满足需求或实现目标，从而为每种情况制定出多套替代方案。然而，个人在遇到问题时却鲜少能展现出团队那样宽广和深刻的洞察力。

·团队共享荣耀也共担责任，从而可以培养出真正的谦逊精神与值得信赖的集体。个人只能独享荣耀、独吞苦果，他们可以因此生出自豪之情，但有时也会因此尝到挫折的滋味。

·团队促使领导者对目标负责。个人不与任何人接触，他们不承担任何责任，因而会更改自己的目标。

·团队可以做到的事情远超个人。

如果你想发挥自己的潜力或是为看似不可能实现的事情而奋斗——比如在你离世两千年后依然有人在传递你的观点——你就需要成为团队的一员。也许这种说法有些老生常谈，但却是不争的事实：个人参与比赛，团队赢得冠军。

为何要独自面对一切？

既然已经知道我们所做的一切都与团队的潜力有关，那为什么仍然有人打算单枪匹马去完成任务呢？我相信这其中存在许多缘由。

1. 自负

很少有人愿意承认自己无法包办一切，但这就是现实。世上并没有超人这种生物。正如音久集团中我的一名团队成员凯瑞·沃尔所说的那样："并不是说转动的盘子数量越多，你的天赋就越好——相反，这只会增大盘子掉落的可能性。"因此，问题不在于你能否独立完成所有事情；而在于你需要多久才能意识到自己不具备这种能力。

慈善家安德鲁·卡耐基说："当你意识到，较之于单打独斗，在别人的帮助下你可以做得更好时，你就在成长的道路上迈出了一大步。"真想做大事，就把自负抛到一边，准备成为团队的一员。

2. 缺少安全感

在与领导者合作的过程中，我发现有些人根本无法促进团队合作，因为他们觉得自己受到了来自他人的威胁。16 世纪的佛罗伦萨政治家尼古拉·马基雅维利耶或许也观察到了类似的情况，因此他写道："评估统治者智力的首要方法就是观察他身边的人。"

我相信，导致领导者身边围满弱者的原因往往就是他们缺乏安全感，而不是判断失当或不够聪明。正如我在《领导力 21 法则》中所说的，只有拥有安全感的领导者才能赋予他人力量。这就是赋力法则。另外，缺乏安全感的领导者往往无法建立起团队，原因不外乎以下两点：要么是想掌控自己所负责的一切；要么就是害怕被更有能力的人所取代。无论是哪种情况，如果领导者无法推动团队合作，他们自身的潜力就会被削弱，与其共事者所做的最大努力也将受到损害。伍德罗·威尔逊总统的建议对他们大有裨益：**"我们不仅应该使用自己的全部智慧，而且应该使用我们能够借用的一切智慧。"**

3. 天真

顾问约翰·盖根在办公桌上放了一块牌子，上面写着："如果需要从头再来，我一定会寻求帮助。"这句话准确地体现了第三类未能成功创建团队的人的感受。他们天真地低估了成就大事的难度，试图独自一人单干。

一些最初属于这个群体的人最终还是取得了成功。他们发现自己的能力根本撑不起梦想，无法独立实现既定目标，于是便做出了调整。他们通过团队建设到达了成功的彼岸。但有些人却醒悟得太晚，结果永远也没能实现自己的目标。这实在令人遗憾。

4. 性情

有些人并不是很外向，不会从建设团队以及参与团队的角度考虑问题。他们在面临挑战时，从来不会想到去寻求他人的帮助。作为一个善于交际的人，我觉得这种做法很难理解。面临挑战时，我的第一反应总是想一想可以向团队中的什么人求助。我从小就是这样做的。我一直认为，既然可以邀请别人同行，为什么还要独自踏上旅途？

我知道不是人人都与我有着相同的脾性。但无论你是否生来就倾向于成为团队的一员真的无关紧要。如果你喜欢独自面对一切且从不与他人合作，就会为发挥自己的潜力制造巨大的障碍。艾伦·弗洛姆博士曾打趣道："众所周知，合作能够完成的事情可比对抗要多。"这种说法实在太保守了！任何具有持久价值的事情都需要借助团队之力才能完成。此外，即使是世界上最内向的人也能学会享受加入团队的益处。（即使有人不想成就伟业，这种说法也依然是事实。）

几年前，我的朋友查克·斯文杜曾在《最后一笔》（*The Finishing Touch*）一书中总结过团队合作的重要性。他说：

没有人可以代替整个团队……我们需要彼此。你需要别人，别人也需要你。没有人是一座孤岛。为了实现生命的价值，我们需要相互依靠、相互扶持；相互联系，相互回应；相互给予，相互索取；相互忏悔，相互原谅；相互拥抱，相互依靠……既然没有人是完整独立、自给自足并且超级能干的全能高手，那就让我们撕掉现在的伪装。即便不去扮演那种愚蠢的角色，我们的生活就已经够孤独的了。游戏已经结束。现在，让我们联合起来吧。

对于试图独自承担一切的人来说，游戏真的已经结束。如果你想成就大业，就必须与别人联合起来。个人的力量太过渺小，不足以成就伟业。这就是重要性法则。

你能够发现差别

只要留心观察人们的生活方式，你很快就能辨认出那些认可并接受重要性法则的人。莉莉·塔奇科夫绝对就是这样的人。我不知道莉莉是否一直都十分清楚团队合作的价值，但我怀疑早在身为一名专业的芭蕾舞演员时，她就已经学到了这一点。如果无法相互配合，舞蹈演员就永远也达不到莉莉那样的水平。从七岁起，一周六天，她每天都需要练习或表演芭蕾十小时，最终成为纽约市芭蕾舞团的一员，并于 1971 年至 1980 年间参与了芭蕾舞团的演出。

1980 年，在洛杉矶的一次网球派对上，莉莉遇到了新上任的全国广播公司娱乐部总裁布兰登·塔奇科夫。那时，年方三十的布兰登是史上最年轻的电视网络总裁。两人很快就成了朋友，随后便坠入了爱河。1982 年，他们步入婚姻的殿堂，从此莉莉开始了全新的生活。她从一个从不看电视的人变成了一位沉浸在洛杉矶娱乐业文化中的电视网络总裁的妻子。但是与她当年面临的另一项挑战相比，这种身份的转换根本不值一提。当时，布兰登第二次患上了霍奇金氏病。①

惊人的科学

布兰登听从一位医生朋友的建议，去拜访了加州大学洛杉矶分校一位年轻的肿瘤学研究员丹尼·斯莱蒙。1982 年 8 月，斯莱蒙博士开始对布兰登实施两种不同的治疗方式，其中一种属于实验性疗法。通常，布兰登会在周五接受治疗，之后莉莉会开车接他回家并且照顾他。整个周末，他都不得不忍受可怕的副作用。这种日子他们过了整整一年。在此期间，布兰登依然担任总裁一职。对他们来说，这段日子过得十分艰难，但是他们选择共同对抗癌症。最终，布兰登得以康复。

这场磨难引发了许多事情。首先，布兰登所在的全国广播公司的收视率从倒数第一跃居首位。他在自传中写道："身患癌症之后，你反倒可以将事物看得更加清楚。我发现，实际上癌症可以帮助你完成工作，原因很简单：没有什么能比癌症更能让你专注于重要的事情了。"② 正是这种专注，使他能够播出一系列电视史上最受欢迎、最具开创意义的节目："天才老爹"（The Cosby Show）、"干杯酒吧"（Cheers）、"希尔街的布鲁斯"（Hill Street Blues）、"迈阿密风云"（Miami Vice）、"黄金女郎"（The Golden Girls）、"天龙特攻队"（The A-Team）以及"波城杏话"（St. Elsewhere）等。

---

① 淋巴系统一种独特的恶性肿瘤，开始常发生于一组淋巴结，然后扩散到其他淋巴结或结外器官、组织。（译者注）

② 布兰登·塔奇科夫，查尔斯·李森，《最后的伟大旅程》（纽约：海龟湾图书公司，1992)，第 60 页。

然而，对莉莉而言，事情的结局却大不相同。丈夫的霍奇金氏病被治愈之后，她并没有简单地继续原来的生活轨迹。

"布兰登接触到了一些相当惊人的科学研究。"她说。延长了布兰登生命的医学研究引起了她的兴趣。所以，当她有机会帮助其他人从这门科学中受益时，她根本无法拒绝。那时已是 1989 年，七年前曾为布兰登实施过治疗的加州大学洛杉矶分校科学家丹尼·斯莱蒙博士向莉莉求助。

独木难支

多年来，斯莱蒙博士一直在研究乳腺癌。他相信自己即将研发出一种全新的乳腺癌根治术，不仅比现有疗法更加有效，而且患者不用忍受化疗常见的副作用。他拥有完成研究所需的专业知识和技能，但是他一个人挑不起所有的担子，他需要有人帮他筹集资金。于是，他想到了莉莉。她非常乐意帮助他。

莉莉制定的计划展现出她对团队合作与战略伙伴关系的敏锐洞察力。她曾担任过彩妆品牌蜜丝佛陀的美容顾问，之前与露华浓公司也有过业务联系。她试图将斯莱蒙博士介绍给露华浓的首席执行官罗纳德·佩雷尔曼。起初，这有些难度，可当佩雷尔曼意识到斯莱蒙所做研究的潜力之后，便承诺无条件为这位科学家提供 240 万美元的资助。此次合作与以往的惯例完全不同。于是便有了"露华浓/加州大学洛杉矶分校女性癌症研究项目"。很快，一种新型癌症疗法便问世了，成功挽救了无数女性的生命。

初尝团队合作的滋味

对莉莉而言，共建研究项目不过只是一个开始。她已经尝到了团队合作的滋味，并且渴望能够做更多的事情。她很快意识到自己可以说服他人加入自己的事业，她可以利用自己在演艺圈的人脉建立一支更大的团队。同年，她在好莱坞举办了一年一度的火与冰舞会用以筹集资金。几年后，她进一步扩大了自己的圈子，并与娱乐产业基金会（EIF）合作，先后在洛杉矶与纽约创建了"露华浓义跑／义行公益"项目。迄今为止，这些活动已为癌症研究筹集了 1800 多万美元。1996 年，她协助创建了美国妇女癌症研究联盟。

1997 年，她的丈夫再次癌症复发。这一次，病魔夺走了年仅 48 岁的布兰登的生命。尽管遭遇了个人挫折，莉莉依然没有停下组建团队对抗癌症的脚步。遇到凯蒂·柯丽克（她的丈夫死于结肠癌）之后，莉莉再次受到鼓舞。在柯丽克和娱乐产业基金会的帮助下，她于 2000 年成立了美国结直肠癌研究联盟。

"我坐下来与凯蒂聊天之后听到了这样的消息，"莉莉说，"如果能够实现早期诊断，你就可以战胜癌症。事实上，癌症的治愈率和预防率可以达到 90%。这就像是把牛排放在一只饥饿的狗面前……我想，我们必须这么做。因此，我请来了所有的合作伙伴：娱乐产业基金会和斯莱蒙博士……斯莱蒙博士提出了议程和使命……因此，我们创建了美国结直肠癌研究联盟（NCCRA）。你根本无法想象这有多么令人激动与满足。"

仅凭个人的力量不可能完成莉莉·塔奇科夫及其合伙人试图完成的令人难以置信的重大任务。没有人能在不借助外力的情况下战胜癌症。对于任何值得去做的事情而言均是如此。如果需要完成的事情十分重要，团队就必不可少。莉莉意识到了这一点，并将其付诸实践。现在，她每天都秉持着这个信念生活。个人的力量太过渺小，不足以成就伟业。这就是重要性法则。

※

关于团队合作的思考
或许你很优秀——但你还没有那么优秀！

成为更好的团队成员

你现在正在努力实现哪些主要目标？把它们写在这里吧：

1. _____

2. _____

3. _____

现在，想一想你是如何朝着这些目标努力的。你采取了什么方法来实现它们？你是在孤军奋斗，还是在打造团队？

如果不愿加入团队，就请你找一找原因。是因为自负吗？是缺乏安全感吗？你是否误判了任务的难度？还是性格使然？如果确是出于上述原因，就请你立即尽力克服困难。越早加入团队，就能越早实现梦想。

成为更好的团队领导者

想想你一生中最大的梦想是什么。现在，问问你自己：

- "我能撑起这个梦想吗？"
- "它是否对我和他人均有益处？"
- "它值得我投入一部分生命吗？"

如果你对所有问题的回答都是肯定的，那就想一想哪类人应该加入你的团队，与你一起实现这个梦想。列出你所认识的与你志同道合并且有可能愿意助你一臂之力的人，然后邀请他们与你一同踏上征程。留意寻找其他可以因为加入团队而获益的人。

2

大局法则

目标比角色更重要

几年前，我应邀参加了一场重要会议，会议由一个备受尊敬的全国性组织所策划。我有幸被组委会选中，与另外十几名演讲者一道，向来自全美各地的六万多名听众发表演说。我很重视这件事，认为受到邀请是一种荣誉。

根据议程，会议召开的前几周，所有发言者都应与该组织的创始人会面，共同探讨战略以及我们打算谈论的议题，并且相互给予支持、提出建议。对此，我感到非常兴奋，因为这群人中不乏一些杰出的领导者。组织者承诺，这将是一场气氛热烈的会面，可事实却与我的预想大相径庭。

我们踏入同一间房间，可我感觉这完全不像是一场关于战略与支持的会议。我们围绕着即将到来的那一天展开讨论的时候，一些演讲者似乎开始争抢起发言的次序来。他们都是沟通大师，因此很清楚发言的顺序、时间以及分配的演讲时长都会对听众对于信息的接收程度产生很大的影响。他们似乎更关心每位发言者所能发挥的作用，而不是整场会议的目标。

不过，我还注意到了另一件事。当一位发言者简要地介绍了他选定的话题之后，我立刻意识到，他的演讲才是整场会议的关键所在。其他所有的演讲都是它的附属信息。可是这位演讲者并不打算为自己争取一个最佳次序。他没有耍任何手段，似乎并不打算参与这场混战。

当所有人都将注意力集中在自己身上时，我意识到，我们全然忘记了此行的目的，忘记了大局。因此，我提到了这位演讲者，"我相信他的演讲将改变与会者的生活。我认为，如果将他的演讲安排在预留给我的时段，效果会更好。"我对这个并不打算推销自己的人说道："请接受我的安排。"

在座的所有人都犹如挨了当头一棒。突然之间，一切恢复了清明。接下来，演讲者们不再只关心自身利益、保护自己的地盘，而是愿意为了共同利益付出一切。我们都记起，目标比我们个人的角色更重要。这就是大局法则的本质。

我能得到什么好处？

在一个颂扬个人所获的金牌、人人只愿为争取权利而战却不愿关注自己所应承担的责任的文化中，人们往往会忽略大局。事实上，有些人似乎认为他们自己就是全局：一切都应为他们的需求、目标和愿望服务。我曾在一件 T 恤上看到过这样一句话："我对团队的理解就是，一大堆人都按我说的去做。"这清楚地表明了这种态度。

团队不是某个人用以谋取私利的工具，团队成员必须拥有互利的共同目标。他们必须积极主动地一起工作，而不是被某人操纵着去实现他的个人的荣誉。习惯将人们聚在一起，并利用他们为自己谋取私利的人都不是团队建设者，而是独裁者。

如果你想观察团队动态，只要看看体坛就行了，你可以清楚地看到运动员是否彼此合作。比赛的结果既直观又可测量，只要有人只想着自己而不考虑团队的共同目标和价值观，我们很快就能发现。

要想在体育比赛中获胜，队员就必须始终以大局为重。他们必须牢记，目标比他们个人的角色——或者说他们想要获得的个人荣誉——更重要。NBA超级巨星大卫·罗宾逊曾说过："我想任何一个球员都会告诉你，个人成就可以增强你的自尊，可是如果你没能赢得比赛的胜利，那么，这个赛季就会变得极其漫长。球队表现优异更加重要。"

一切为了团队

20世纪50年代备受推崇的俄克拉荷马州足球教练巴德·威尔金森在《足球的智慧》（*The Book of Football Wisdom*）中这样写道：**"如果一支球队想要发挥出最大的潜力，每个球员都必须愿意把球队的利益置于个人目标之上。"**

一些球队似乎奉行"人人为己"的观念。另一些则把顺从与团队合作精神融入了他们所做的每一件事情当中。例如，圣母大学与宾夕法尼亚州立大学校队等足球队没有将球员的名字印在球衣上。前圣母大学"爱尔兰战斗队"的教练卢·霍尔茨曾对这种做法做出过解释。他说，"在圣母大学，我们相信球衣上交叠的字母ND①就是你所需的唯一身份证明。每当有人抱怨时，我就会告诉他们，学校能将号码印在球衣上，他们就已经够幸运的了。如果换作是我，我只会印上代表球员所在位置的首字母。如果你的首要任务是团队而不是你自己，还需要其他东西做什么呢？"

获胜的球队中一定有将球队利益摆在首位的球员。他们希望能够在自

---

① ND是University of Notre Dame（圣母大学）的英文缩写。（译者注）

己擅长的位置上好好表现，但他们也愿意尽一切努力来配合球队。他们愿意为了更大的目标牺牲自己。这就是大局法则。

看见大局

建立了成功团队的人永远不会忘记，团队中的所有人都有自己的角色，每个角色都为大局做出了贡献。缺乏这种认知，团队就无法实现其目标，无论它参与的是体坛、商界、家庭、部委还是政府的"竞赛"。

身处最高层的领导人都了解大局法则。他们始终将大局放在自己和人民之前。温斯顿·丘吉尔就是一个杰出的典范。据说第二次世界大战期间，英国经历了一段最黑暗的时期，当时政府根本无力留住煤矿工人。许多矿工想要放弃矿井中危险、肮脏且吃力不讨好的工作去参军，成为公众交口称赞、大力支持的士兵。然而，矿工的工作对于战争能否获胜而言至关重要。没有煤炭，英国军队和人民就会陷入困境。

因此，有一天，丘吉尔站在成千上万的煤矿工人面前，告诉他们，矿工的工作在战争中极其重要，他们的角色决定了维护英格兰自由这一目标的成败。

丘吉尔描绘了战争结束之后的景象：届时，为纪念参战人员，英国将举行盛大的游行。他说，走在队伍最前列的是海军，他们延续了英军在特拉法加海战中获胜[①]以及击败西班牙无敌舰队的传统。接下来是英国最优秀、

---

① 英国海军史上一次最大的胜利。1805年10月21日，英法舰队在西班牙特拉法加角外海面相遇，战斗持续5小时，由于英军指挥、战术及训练皆胜一筹，法兰西联合舰队遭受决定性打击。此后法国海军一蹶不振，英国海上霸主的地位得以巩固。（译者注）

最聪明的队伍，击退德国空军的皇家空军飞行员。紧随其后的将是曾在敦刻尔克浴血奋战的士兵。

最后则是戴着矿工帽、满身煤尘的矿工。丘吉尔说，人群中可能有人会问："战争最关键的时刻，你们在哪里？"一万名矿工将齐声回答："我们在地底深处，面对着煤块。"

据说，听到这里，那些七尺男儿的眼中溢出了泪水。他们明白了自己一样可以帮助英国实现维护西方世界自由这一崇高目标，因而怀着钢铁般的决心重返工作岗位，尽管这份工作不如军人那样体面。

这就是组建团队需要的心态。认识到目标比角色更重要、更需要勇气和决心。对人们来说，做出对团队最有利的事情绝不是一件小事。通常这意味着牺牲职业满足感、个人数据或个人荣誉。但是正如前 NBA 明星、成功企业家魔术师埃尔文·约翰逊所说的：**"在冠军队伍中，没有一个队员是公众的焦点，但每个人都可以说自己是冠军。"**

如何培养团队的大局观？

那么，如何才能逐渐打造出一支更加统一的团队呢？个人如何从独立的个体转变为拥有大局观的团队成员？这种转变不可能一蹴而就。它需要时间。以下是我的一些建议。

1. 着眼大局

万事皆始于愿景。首先，你需要一个目标。没有目标就无法建立真正的团队。位列名人堂的接球手尤吉·贝拉曾打趣道："如果不知道该去往何方，最终你就会跑偏。"谁也不知道一个没有目标的人能做成什么事。

一群没有目标的人肯定一事无成。相反，如果团队中的每个人都能拥有实现大局的愿景，他们就有潜力成为一支高效的团队。

领导者通常需要起到捕获与传达愿景的作用。他们必须先看到这个愿景，然后再帮助其他人看到它。温斯顿·丘吉尔在战争期间向矿工发表演讲时就是这样做的；马丁·路德·金在华盛顿林肯纪念堂的台阶上向人们讲述他的梦想时就是这样做的；通用电气首席执行官杰克·韦尔奇告诉人们，只有在市场上位列第一或第二名的部门才有资格成为通用电气的一部分时也是这样做的。只有当团队成员看清了前进的方向之后，他们才愿意为此做出牺牲并携手同行。

如果你是团队的领导者，你的角色就是做只有你才能做的事情：为团队成员勾画大局。没有愿景，就不会有实现目标的渴求。

2. 审时度势

认清大局的价值之一就是它能帮助你认清你与目标之间的距离。决心独自完成所有事情的个人在认识到现实与理想之间的鸿沟之后，往往会心生畏惧。但是对于那些致力于建立团队的人而言，认清前方任务的难度并不会令他们感到焦虑。他们不会逃避挑战。相反，他们会珍惜这样的机会，迫不及待地组建团队、制定计划来实现这一愿景。

在音久集团的一次会议上，三个部门齐聚一堂。首席执行官戴夫·萨瑟兰站在员工面前，概述了来年的一些目标（其中不乏一些十分远大的目标）。此间，戴夫说道："有些人一看到这些远大的目标便心生害怕。我却一点也不担心。我们已经拥有了一支优秀的团队。为了能够更上一层楼，我们只需要再增加一些像现有成员这样的人才就行了。"这就是团队建设者的心态！

3. 列出所需资源

霍利·埃弗哈特认为："如果弹药充足，完全可以瞄准高处的目标。"这就是资源，是帮助你实现目标的弹药。你究竟身处怎样的团队并不重要。如果缺乏适当的设备、设施、资金等方面的支持，你就根本不可能取得进步——无论你的目标是登上山顶、占领市场，还是创建一个部门。团队资源越多，成员在努力实现目标的过程中受到的干扰就越少。

4. 召集合适的成员

要想建立一支成功的团队，团队成员就是一切。或许你拥有清晰的愿景、精确的计划、大量的资源以及令人难以置信的领导力，但是如果你没有选对人，终将一事无成（我会在其他法则中详细讨论这一点）。虽然在招揽到优秀成员之后，你依然有可能会输，但若是与糟糕的成员为伍，你就永远也不可能赢。

5. 放弃个人安排

获胜的球队中总会有球员不断地问自己："怎么做，对其他球员而言才最好？"为了团队的利益，他们总是将个人安排搁置在一旁。借用麦当劳创始人雷·克洛克的话，他们的座右铭就是：**"我们之中，没有人比其他人更重要。"**

美国女足在最近几年大获成功，引起了体坛的关注。短短几年间，她们赢回了奥运金牌和世界杯。球队中的一名关键队员叫米娅·哈姆。她在《破门得分》（*Go for the Goal*）一书中表达了自己对女足生涯的看法以及为夺得冠军，运动员必须在比赛中采取的态度：

足球不是一项个人运动。我没有包揽全部的进球，我射入的每一粒进球都是团队努力的结果。我不用在球门前拦住对方球员的进攻；不用制定比赛的策略；不用清洗训练装备（好吧，有时候我也会负责清洗）；也不曾订过机票。我是团队的一员，我依赖我的团队。我服从它并为它牺牲，因为最终的冠军是团队，而不是个人。

米娅·哈姆很清楚大局法则。她会尽一切努力帮助她的团队——包括清洗训练装备。她向我们展示了，目标比角色更重要。

6. 更上一层楼

只有当团队成员们走到一起、舍弃各自的计划安排时，团队才有可能更上一层楼。这是团队合作必不可少的牺牲。不幸的是，有些人更喜欢坚持自己的安排，追名逐利，而不是放下私心去实现更伟大的目标。

正如哲学家弗里德里希·尼采所说的："许多人固执地坚守自己所选的道路，但却很少有人能够坚定地向着目标前进。"实在令人感到遗憾，因为只考虑自己的人会错失大局。因此，他们的潜力无法得到开发，注定会令依赖他们的人感到失望。

为了团队的成功甘愿充当绿叶

亚伯拉罕·林肯总统曾经说过："几乎所有人都能忍受逆境，但是如果你想测试一个人的品行，那就给他权力。"很少有人能拥有比美国总统更大的权力。成为所谓自由世界的领袖肯定会让人头脑发热。然而，吉米·卡特却并未如此。回顾他的职业生涯——从校董会成员到入主白宫——你会发现，为了实现自己信仰的目标，他愿意担任任何角色。他一直认同大局观的重要性。

也许最能体现卡特一生践行大局法则的生动事例莫过于他与仁人家园的合作了。1976年，米勒德·富勒和琳达·富勒正式创建了仁人家园。两人此前曾先后在美国与海外等地就这一理念进行过多年的探索。该组织目标远大——消除全球的贫民窟及无家可归的情况。

20世纪70年代末80年代初，他们开始了大胆的尝试。六年后，他们在墨西哥、扎伊尔和危地马拉等地建起了住宅。在美国国内，他们的附属公司在得克萨斯州的圣安东尼奥、佐治亚州的阿梅里克斯、南卡罗来纳州的约翰岛以及佛罗里达州和阿巴拉契亚州的其他地方建造了房屋。还有许多城市为他们的建设工作打好了地基，但是个中过程却极为艰辛。他们找到了成功实现目标的公式：向有能力支付房款且最需要住房的人提供住房产权；使用志愿劳动力建造低成本住房；让未来的房主参与建造过程以及提供无息贷款。这个想法很有创意，而且很快便流行开来。然而，富勒一家十分清楚，如果想如预期那般惠及世界，就必须将仁人家园提升到一个全新的水平。

他们从设在佐治亚州南部阿梅里克斯镇的总部看到了一种可能性。在10英里外一个叫普莱恩的小镇上，也许有一个人能帮助他们。那个人就是吉米·卡特。这位美国前总统曾在仁人家园的活动中发表过讲话。1983年，卡特结束演讲之后，米勒德·富勒就产生了与他联系，请他帮忙完成这个项目的想法。1984年初，两人取得了联系。当卡特表示他对仁人家园十分感兴趣时，富勒便决定大胆地列出卡特可以担任的15种角色——包括在仁人家园董事会任职、与媒体接触、协助筹集资金、录制一段30分钟的视频以及在建筑工程队中工作一天等——希望他能同意完成其中的一到两项。

令富勒感到惊讶的是，卡特不仅同意完成其中的一到两项，而且答应会做完所有的事情。让人哭笑不得的是，最吸引公众注意力的是卡特愿意加入工程队，抢起锤子建造房屋。起初，人们以为卡特不过打算摆拍几张宣传照片而已。但是这位前总统却真的组建了一支工程队，与他们一同搭乘旅途巴士公司①的长途大巴前往位于纽约市布鲁克林区的建筑工地。整整一周，卡特白天都在工地上挥汗如雨，晚上则和其他人一起睡在教堂的地下室里。自 1984 年第一次参与这项活动之后，卡特每年都会组建一支队伍，以类似的方式为社会服务。他敬业的服务吸引了各行各业的人以类似的角色参与其中。②

共同的目标

仁人家园是富勒一家的创意，它的成功是全球数十万人共同努力的结果。然而，真正使其声名远播的人是吉米·卡特。他无私的服务鼓舞着人们——无论他们是富贵加身还是一贫如洗，是声名远播还是默默无闻，是大权在握还是毫无权势——让他们看到了帮助处于社会最底层的人，为他们提供一个安身立命之处的远大目标。同时，他也鼓励人们参与进来。

迄今为止，仁人家园及其志愿者们已经建造了 10 万多幢房屋，为全球 50 多万人提供了住所。他们为什么要这样做？因为他们与卡特一样，想要成就比自己更重要的事业。他们明白目标比角色更重要。他们奉行大局法则的真理。

---

① 全美最主要的两大巴士公司之一。（译者注）
② 弗莱·盖拉德，《如果我是一个木匠：人类生存二十年的栖息地》（北卡罗来纳州温斯顿－塞勒姆：约翰·布莱尔出版社，1995）。

※

关于团队合作的思考

正确把握大局，就能更快为团队服务。

成为更好的团队成员

在你的生命中，什么样的目标比你自己更加重要？你目前正在参与此类活动吗？如果没有，就留出一些时间独处，反思一下你的目标和优先事项。如果你正在努力成就大业，那就问问自己，为了实现目标，你愿意做些什么？如有必要，你愿意像卡特总统那样为了团队的利益甘做绿叶吗？如果你不愿意，也许你就会成为阻挡团队获得成功的绊脚石。

成为更好的团队领导者

想想你现在所处的团队（最好是目标远大的团队）。谈到大局，团队成员态度如何？他们是否愿意为实现团队的成功做任何事情？还是说他们只希望自己能够获利？

通过树立服务大局而非一己私利的典范，培养成员的团队心态。然后想想可以采用哪些办法帮助成员们接受大局法则：勾画蓝图，鼓舞人心；公开表彰团队合作；奖励为团队利益做出牺牲的人。

3

人尽其才法则

每位成员都能找到最能发挥其价值的位置

2001 年 1 月 26 日，美国迎来了历史上的又一个第一次：一位非裔美国人就任政府内阁的最高职位——美国国务卿。这个人就是科林·鲍威尔。专栏作家卡尔·罗文在谈及此次任命时说道："要理解鲍威尔升任这个极其困难且严苛的职位所具有的重要意义，你就必须意识到，仅仅在上一代之前，还有一条不成文的规定，即在外交事务领域，黑人最多只能担任驻利比里亚大使或驻加那利群岛公使。"

鲍威尔的任命具有非同寻常的意义，然而，史无前例却并不是它如此引人注目的唯一原因。简单地说，它的重要意义在于科林·鲍威尔是全美范围内出任该职位的最佳人选。任命其为国务卿的布什总统表示："我知道，没有人比科林·鲍威尔更能代表美国外交的形象与声音""他说话直率，正直诚实，对我们的民主怀着深深的敬意，同时又具有军人的高度责任感。"[1]布什深知，每位成员都能找到最能发挥其价值的位置。由鲍威尔管理美国国务院。这就是人尽其才法则。

---

① 布什提名鲍威尔为国务卿，2000 年 12 月 17 日。

找到自己的位置

早在 20 出头的时候，军人的责任感就已成为鲍威尔性格中至关重要的一部分。他可谓是大器晚成。迈入大学门槛时，他还不知道自己今后想做些什么。但是没过多久，他就找到了自己的位置：他加入了纽约市立学院一个名为"潘兴步枪会"的后备军官训练团。在那里，他生平第一次体验到了真正的团队合作。鲍威尔在《我的美国之路》(*My American Journey*)中写道：

我上高中时打过篮球，参加过田径队，也曾短暂地加入过童子军，可这些经历从未让我产生过归属感，也未曾收获过永恒的友谊。但是，我在潘兴步枪会体验到了这一切。我平生第一次加入了一个亲如手足的团队……纪律性、组织性、同事情谊和归属感都是我所迫切需要的。我几乎立刻就成了一名领导。我在队伍中感受到一种无私的精神，宛如家中充满关爱的氛围。种族、肤色、背景和收入在这里毫无意义。潘兴步枪会为了彼此、为了团队，不惜赴汤蹈火。如果这就是军旅生活的全部意义，那么也许我甘愿成为一名军人。①

毕业在即，他不再存有任何疑虑，欣然选择了行伍生活。

---

① 科林·鲍威尔，约瑟夫·皮斯托，《我的美国之路》（纽约：兰登书屋，1995），第 28 页。

不平凡的旅程

服役期间，似乎不论走到哪里，鲍威尔都能大获成功，而且很快便得到了晋升。他的爱好就是运筹帷幄、决胜千里。他总是能出色地完成此类任务。可是，他却经常接到特殊的任务，需要肩负起特殊的职责。由于这种情况一再发生，他无法继续领兵作战，因而感到万分沮丧。但是，他的导师约翰·韦翰将军非常明智地告诉他："你的军旅生涯定与常人不同。有些军官注定不会止步于此。"

韦翰说的没错，鲍威尔的军旅生涯确实非比寻常。这段经历为他磨砺了天赋，积累了经验，最终为进入内阁做好了准备。作为一名足迹遍布全球的步兵军官（他曾两次前往越南），鲍威尔学会了如何发号施令、领导团队。与士兵合作的经历也教会了他如何与人交流和联系。进入白宫之后，他第一次接触到美国政界和各国政府。除了与美国高层官员互动之外，他还会见了日本、苏联、中国、波兰、保加利亚和西德的领导人。

卡特和里根执政期间，在五角大楼工作的鲍威尔再次获得晋升。正是在那里，他学会了如何与公务员共事，并且拓宽了对政府和军事政治的理解。作为国防部长卡斯帕·温伯格的高级军事助理，鲍威尔走遍了世界，对美国与外国政权之间的复杂关系有了深入的理解。

但是直到开始在国家安全顾问办公室工作，鲍威尔才算踏入了顶层政治圈。作为总统身边负责国家安全事务的助理，他在外交政策方面积累了许多宝贵的经验。事实上，他在处理这些问题的时候显得游刃有余，因此当顶头上司弗兰克·卡卢奇被任命为国防部长时，鲍威尔直接接替了他国家安全顾问的职位。任职期间，他不仅为里根总统出谋划策，还与国务卿乔治·舒尔茨并肩工作，和苏联就核导弹条约进行谈判，组织国家元首峰会，并与苏联总统米哈伊尔·戈尔巴乔夫合作，一同结束冷战。

表现出色

作为美国第一位非裔国家安全顾问，鲍威尔是如何在任期内取得成功的呢？晋衔四星上将——美国军队现役的最高军衔——之后，鲍威尔成为美国历史上最年轻的参谋长联席会议主席（同时也是第一个获此职位的非裔美国人与第一位后备军官训练团毕业生）。鲍威尔又一次在自己的岗位上大放异彩。在克林顿执政期间，前国防部长莱斯·阿斯平曾在某次白宫会议结束之后这样评价鲍威尔，"我们都很清楚，他完全有能力出任房间里任何人的职位，就连总统也不例外。"

候任总统布什邀请他加入内阁的时候，似乎只有一个位置最适合他，那就是他最能发挥自身价值的位置。2001 年 1 月 25 日，鲍威尔在市政厅的一次会议上说道：

七年前，当我离开军队、回归平凡生活的时候，并不知道自己还将回到政府任职……但是，布什州长请我考虑他的提议时，我已经做好了准备。我很想知道自己是否还能再次为国家服务。我想我还可以再做出一些贡献。当他明确表示，"我希望你能去国务院任职"的时候，我觉得自己好像早就以这样或那样的方式为此准备了很多年。在五角大楼中的经历，在副国家安全顾问、国家安全顾问和参谋长联席会议主席等职位上的工作以及在七年的平凡生活中对世事变化的观察都在告诉我，这是我应该做的事情。

布什总统及其内阁以及所有美国公民都可以从鲍威尔那里获益良多。

他不仅是这个职位的最佳人选，而且还能够在新当选的总统及其团队尚未赢得选民充分信任的情况下，增大团队的可信度。对鲍威尔的任命是布什宣扬的包容性政策的具体证明。这就是人尽其才法则的力量。一旦将合适的成员放在了合适的地方，人人都能受益。

如果有人能够找到最能发挥其价值的位置，好事就会落在团队身上。如果所有成员都能最大限度地发挥出自身的优势——他们的天赋、技能和经验——团队就能成就伟业。这就是人尽其才法则的力量。

如果出现在错误的位置

几乎人人都有过这样的经历：不得不在某个团队中承担起并不适合自己的职责。被迫成天与人打交道的会计；不得不改打中锋的篮球前锋；被迫弹键盘的吉他手；不得不埋头完成文书工作的教师；讨厌进厨房却被迫洗手做羹汤的配偶。

如果团队中的一位或多位成员经常需要完成自己并不擅长的任务，会出现怎样的情况呢？首先会导致士气低落，因为团队未能发挥出自己的实力。随后，人们会心生不满。被迫在自己不擅长的领域工作的员工会因为无法施展才华而感到不满。团队中的另一些人则认为，有些职位其实更适合安排给自己，他们也会因为能力被人忽视而感到不满。很快，人们便不愿再团结协作。接着，所有人的信心都开始减弱。情况越变越糟。团队停滞不前，对手乘虚而入。这样一来，团队永远也无法实现自身的潜力。如果人们无法适得其所，事情便不可能顺利推进。这就是人尽其才法则。

将合适的成员安排在合适的位置对团队建设而言至关重要。团队的活力取决于成员所处的位置：

> 不合适的人处于不合适的位置 = 倒退
>
> 不合适的人处于合适的位置 = 沮丧
>
> 合适的人处于不合适的位置 = 困惑
>
> 合适的人处于合适的位置 = 进步
>
> 所有人都处于合适的位置 = 倍增

不管面对怎样的团队，这些原则始终不会发生变化。大卫·奥格威说得对："一家经营良好的餐馆就像是一支获胜的棒球队。所有成员都能充分施展自己的才能。同时，餐厅也抓住了每一个稍纵即逝的机会，努力提升服务速度。"

几年前遇见的一件事让我想起了人尽其才法则。我受邀为一本名为《命运与解脱》（Destiny and Deliverance）的书籍撰写部分章节。这本书是梦工厂制作的电影《埃及王子》的周边产品。这是一次美妙且愉快的经历。写作过程中，我受邀前往加州，观看了当时尚在制作的影片的部分内容。这使得我想去做一件之前未曾做过的事情：去好莱坞参加电影的首映式。

我的出版商设法给我弄到了两张首映式门票。那天，我和妻子玛格丽特一同飞到电影之都。影星、制片人以及其他业内人士均出席了此次盛会。我和玛格丽特都非常喜欢这部电影以及整段经历。简言之，我们玩得很开心。

但凡与我一起看过电影、表演或体育比赛的人都了解我的习惯。一旦对球赛结果有了十成的把握，我就会离场，以避开散场时拥挤的人流。我会在百老汇观众鼓掌之时便离开剧场。大屏幕开始播放演职员表的那一刻，我就已经离开了座位。因此，《埃及王子》接近尾声的时候，我站起身准备离场，可其他观众全都安静地坐在座位上。随后发生了一件令人非常惊讶的事情。当演职员表出现在银幕上的时候，观众开始为那些少有人知的工作人员鼓掌：服装设计师、灯光师、场务领班、助理导演。我永远也不会忘记这一刻——它让我清晰地想起了人尽其才法则：每位成员都能找到最能发挥其价值的位置。如果每个人都可以做自己最擅长的事情，人人都能成为赢家。

让人们适得其所

全美橄榄球联盟冠军教练文斯·隆巴迪曾经说过："组织的成就是所有人共同努力的结果。"确实如此。但是，仅仅将合适的人聚集到一起并不能打造出一支胜利的团队。也许你的手下有一群才华横溢的队员，可如果不是所有人都在做最能发挥其价值的事情，团队就无从发挥它的潜力。这就是团队领导的艺术。你必须让人们适得其所——让他们能够发挥出最积极的作用！

为了能够让人们适得其所、发挥才能，最大限度地激发团队的潜力，你需要做到以下三点：

你必须了解团队

如果不了解团队或组织的愿景、目标、文化或历史，就无法带领其走向胜利。如果不知道团队想要去往何方——以及为什么要去那里——就不能将团队的潜力发挥到极致。你必须了解团队现在所处的位置，只有这样，才能带领团队向着目标前进。

你必须了解现状

即使组织的愿景或目标可能不会发生改变，它所处的环境却会不断变动。优秀的团队建设者十分清楚团队身在何处，也明白当前的环境需要什么。例如，对于刚刚起步的年轻团队而言，它的首要任务是招揽人才。但是随着团队逐渐走向成熟，人才水平不断提高，对工作重心进行微调就显得更为重要。届时，领导者必须花费更多的时间为成员安排合适的位置。

你必须了解成员

听起来似乎不言而喻，但你必须了解你正试图为其寻找合适位置的成员。我之所以要提这一点是因为领导者往往喜欢让所有人都符合他们的形象，用同样的技能和方法去解决问题。但是，团队建设与流水线生产完全不同。

创建团队的时候，你需要评估每个人的经验、技能、气质、态度、激情、人际交往能力、纪律、情感力量和潜力。只有这样，才算是做好了帮助成员找到合适位置的准备。

寻找适合自己的位置

也许你现在还没有资格安排别人的位置。事实上，你可能在想，如何才能找到属于我的最佳位置？如果确是这样，就请你遵循下面的建议：

·确保安全感。我的朋友韦恩·施密特说过，"没有什么能力可以弥补缺失的安全感。"如果放任不安全感占据上风，你就会变得僵化，而且不愿做出改变。要想成长，就必须愿意做出改变。

· 了解自己。如果不了解自己的强项和短板，就找不到适合自己的最佳位置。花些时间去思考和探索自己的天赋。请别人给予反馈。尽一切努力消除个人盲点。

· 信任领导。优秀的领导者会帮助你朝着正确的方向前进。如果不信任你的领导，就向另一位导师寻求帮助。或者加入另一个团队。

· 着眼大局。只有在为大局考虑时，你在团队中的位置才有意义。如果仅仅是为了一己私利寻找最佳位置，那么，狭隘的动机可能会阻碍你发现自己的渴望。

· 依靠经验。归根结底，确定自己是否已经找到最佳位置的唯一方法就是尝试看似合适的东西，并从失败和成功中吸取教训。一旦成功，你的内心便会开始高歌。它在说，没有比这里更接近最佳位置的地方了，所以一定就是这里！

人人都有一席之地，人人都能适得其所

一个始终努力确保人人适得其所的组织就是美国的军队。现在尤其如此，因为军队招募的全都是志愿兵。如果军事指挥中的各项功能无法以最大效率运转（并且与其他部分保持良好的协调），就会出现可怕——有时是致命的——故障。

没有人比战斗飞行员更清楚这一点。退休的美国海军上校查理·普拉姆就是一个很好的例子。他毕业于安纳波利斯，20 世纪 60 年代中期曾在越南服役，75 次驾驶战斗机从美国"小鹰号"航空母舰上起飞执行任务。

在航空母舰上，你很容易便能观察到各军事部门如何像拼图那样紧密契合、互相支持。航母常被人称作"浮城"，它能够搭载 5500 名船员，甚

至比某些船员幼年时居住的城镇人口还要多。它必须实现自给自足，17 个部门只有团结合作才能完成任务。

飞行员都知道，喷气式飞机的升空离不开团队的努力。升空、监视、支持、降落和维护一架飞行器需要调动数百人，动用数十种技术专长。如果需要将战斗机武装起来，为战斗做好准备，还将会有更多的人参与进来。查理·普拉姆显然清楚，为了能够让他驾驶战斗机飞行，许多人在不知疲倦地工作着。然而，尽管得到了全球最训练有素的空中支援小组的支持，1967 年 5 月 19 日，普拉姆在第 75 次驾驶 F-4 鬼怪喷气式战斗机执行任务时被击落，随后作为战俘被关进了北越监狱。

普拉姆度过了近六年艰苦的牢狱生活，其中有一段时间，他被关押在臭名昭著的河内希尔顿监狱。那些年里，他和狱友们受尽了屈辱与折磨，终日饥肠辘辘，被迫生活在肮脏的环境之中。然而，他并没有因为这些经历而崩溃。他说："对上帝的信仰和对祖国的热爱将我们团结在一起，为我们提供了巨大的力量，帮助我们度过了艰难的时期。"

转折点

1973 年 2 月 18 日，普拉姆获得释放，重回海军服役。然而，回国几年之后发生的一件事情就犹如监禁那般，在他的生命中留下了深深的烙印。一天，他和妻子凯茜正在一家餐馆吃饭。突然，一个男人走到他们面前说道，"你是普拉姆，曾在越南驾驶过喷气式战斗机。"

"没错，"普拉姆答道，"确实如此。"

"你隶属'小鹰号'114 战斗机中队。你被击落，随后空降到敌军领地。"那人继续说道，"你当了六年战俘。"

普拉姆大吃一惊，他看着那个人，拼命在脑海中搜索他的名字，可是他完全没能认出这个人。"你到底是怎么知道的？"普拉姆终于开口问道。

"是我帮你捆的降落伞。"

普拉姆极为震惊，他挣扎着站起身，握住那人的手。"我必须告诉你，"最后，普拉姆说道，"我不止一次为你灵巧的手指祈祷致谢，可是我从没想过自己还能有机会向你当面道谢。"

如果当初海军安排了一个不合适的人选来装配降落伞索具，情况又会如何呢？这份工作默默无闻而且很少能获得别人的感谢。那个人在越南战争期间做的就是这样一份工作。等查理·普拉姆知道上面这个问题的答案时，一切都已经来不及了。我们甚至不知道故障究竟出现在哪里，因为普拉姆不可能活着给我们讲述这个故事。

现在，查理·普拉姆已经成为一名励志演说家，曾受邀为财富500强公司、政府机构和其他组织进行过演讲。他经常讲述这个帮他捆降落伞包的男人的故事，并用它来传递有关团队合作的信息。他说："在一个因为裁员而不得不少花钱、多办事的世界里，我们必须赋予团队力量。'帮别人捆降落伞包'可能意味着你和你的团队能否活下来！"

这只是传递人尽其才法则的另一种方式。你在为队友捆降落伞包吗？还是说你的工作效率并没有达到100%？每位成员都能找到最能发挥其价值的位置。我想鼓励你去确认，自己是否已经找到了最佳位置。

※

关于团队合作的思考
发挥最大价值的时候，才是你最具价值的时候。

成为更好的团队成员

你找到你的最佳位置了吗？履行职责的时候，你是否思考过这样的问题：没有比这里更接近最佳位置的地方了，所以一定就是这里？如果思考过，那就继续保持这种状态，在你的专业领域内不断成长和学习。如果没有，你就需要步入正轨。

如果知道自己的最佳位置在哪里却未能在那里工作，就请制定一份计划。它可以像调整职责那样简单，也可以如换一份职业那样复杂。无论需要六周还是六年，你都需要制定一份计划、编制实现目标的时间表。确定方向之后，就鼓起勇气迈出第一步。

如果还不知道应该做些什么，你就需要开展一些研究。与配偶和密友聊一聊你的优势和劣势，问一问领导对你的评价，做一做个性或气质测试。寻找生命中反复出现的主题，试着阐明你的人生目标，尽一切努力找到有关最佳位置的线索。然后根据你的发现，尝试相关的新事物。找到最佳位置的唯一方法就是积累经验。

成为更好的团队领导者

优秀团队领导者的特征之一就是能够为成员安排适当的位置。按照本章所列的指导方针——了解团队、现状和成员——开始改善这个过程。记住一点：为了帮助人们发挥潜力、实现效率最大化，就要将他们拉出舒适区，但是永远不要离开他们擅长的领域。将人们赶出这片区域会令他们感到沮丧，但是鼓励他们离开舒适区却能带来满足感。

4

珠穆朗玛峰法则

眼前的挑战决定谁是应战的领导者

1935 年，21 岁的丹增·诺盖第一次来到珠穆朗玛峰。当时，他在一支英国登山队中当挑夫。丹增是夏尔巴人，出生在尼泊尔的高海拔地区。自从西方人怀着登顶珠峰的梦想来到这里，他就被这座山峰深深地吸引住了。1920 年，珠峰迎来了第一批登山队。15 年后，登山者们仍在想方设法征服这座山峰。

这一次，登山队最高到达了海拔 22 000 英尺的北部山坳（坳是山峰之间沿着山脊延伸的平坦区域）。他们在北坳下面见到了可怕的一幕。他们无意间发现了一顶已被狂风撕碎的帐篷，帐篷里有一具骷髅，遗骸的骨骼间残存着小块冻结的干皮。他以奇怪的姿势坐在那里，一只靴子已经脱掉，另一只鞋的鞋带夹在已化成白骨的指间。

地球上最严酷的地方

胆小的人不适合登山，因为山峰之巅是地球上最不适宜居住的地方。当然，这并不会阻止人们试图征服高山的决心。1786 年，第一批登山者成功登上了欧洲最高峰——法国的勃朗峰。这实属壮举，但是攀登海拔 15 771 英尺的阿尔卑斯山最高峰与攀登海拔 29 035 英尺的世界最高峰珠穆朗玛峰完全不同，在缺乏高科技装备的年代尤其如此。珠峰十分偏僻、海拔极高，而且天气恶劣，只有最顽强、最有经验的登山者才有可能登上峰顶。专家认为，至今已有 120 名遇难者的遗体永远留在了那里。

1935 年，丹增等人发现的尸体是英国人莫里斯·威尔逊。他在未获当地地方政府允许的情况下，偷偷潜入西藏，准备秘密登山。因为打算悄无声息地登上山顶，他只雇了三名挑夫与他一同上山。接近北坳时，三人拒绝继续向前。于是，威尔逊决定独自上山。这个决定断送了他的性命。

估算成本

只有攀登过险峰的人才知道登顶需要什么。1920 年至 1952 年的 32 年间，七次大规模冲顶珠峰的尝试都失败了。丹增·诺盖参加过其中的六次，也曾多次参与攀登其他高山的行动。同行的伙伴开玩笑说，他有三个肺，因为即便在负重时，他依然能够不知疲倦地向上攀爬。他开始受到人们的尊敬，并且学到了很多东西。其中最深刻的教训就是，任何人都不应低估登山的难度。他见过不少因此付出生命代价的登山者。

例如，在一次登山的过程中，当周围环境越来越恶劣的时候，丹增和其他夏尔巴人都系上了冰爪（装在登山靴底的长钉）。但是经验丰富的登山家乔治·弗雷却觉得没有必要这样做。结果，他失足滑倒，从一千英尺的高处摔下，没了呼吸。乔治的离去令丹增感到痛惜，但丹增的想法十分现实。提起这些粗心的登山者时，他这样写道："与之前的许多人一样——

他们太小看伟大的山峰了，所以他们付出了代价。"[①]

绝非随意闲逛

1953 年，丹增跟随约翰·亨特上校率领的英国登山队开始了他的第七次珠峰探险。那时，受人尊敬的丹增不仅是一名能在高海拔地区搬运重物的挑夫，还是一位登山家与合格的探险队员——当时，这对夏尔巴人来说是一项非同寻常的荣誉。就在前一年，他跟随一支瑞士登山队登上了海拔28 250 英尺处。当时，那是人类到达过的最接近峰顶的位置。

丹增还是此次英国登山队的总司令，即负责雇佣、组织和领导挑夫的夏尔巴领队。这可不是一项轻松的任务。为了能将两名队员从大本营送至山顶，登山队请来了10 位高山登山家，其中就包括新西兰人埃德蒙·希拉里。这些人需要的设备和食物的总重达到了2.5 吨。这些物资无法通过卡车或飞机运至山脚，而是只能运到加德满都，然后由男男女女们背在背上，沿着喜马拉雅山脉上下 180 英里，踩着由绳索和木板铺就的窄桥穿过河流，送至大本营。仅仅是为了将补给运至山脚，丹增就需要雇佣200 人到 300 人。

队员们从大本营开始登山，他们的补给则必须由另外 40 名挑夫运上山。这些人个个都是山地经验丰富的夏尔巴人。其中最优秀的三分之一将继续向上攀登，用重达 30 磅的背包将总重 750 磅的必要设备背上山。只有丹增和另外三名挑夫拥有足够的力量和技巧，可以到达峰顶附近的高山营地。

---

① 詹姆斯·拉姆齐·乌尔曼，《珠穆朗玛峰人：丹增自传》（伦敦：乔治·哈拉普出版社，1955 年），第 178 页。

需要团队

登山队每上一个高度，都需要更紧密的团队合作。一组人竭尽全力，仅仅是为了将装备运上山，为另一组人做好准备。两人一组的队伍负责上山探路，凿出台阶，固定绳索。他们投入时间，好让另一支团队有可能登上峰顶。至此，他们的任务就完成了。提起团队合作，丹增是这样说的：

要想登上珠峰这样的山峰，你就不能一个人冲在前面，也不能与同行者竞争。你需要通过无私的团队合作，缓慢、小心地前进。我当然也想登上顶峰，这是我毕生的梦想。但是如果这份幸运落在别人身上，我也会像个男人那样接受现实，而不是如婴儿那般哭泣不止。因为这就是登顶之路。①

登山队一直沿着这条"登顶之路"前进。最终，有两组队员有机会冲顶。第一组是汤姆·布尔迪隆和查尔斯·埃文斯。如果他们失败了，第二组才有机会。这一组就是丹增和埃德蒙·希拉里。丹增在谈到第一组时这样写道：

他们筋疲力尽，疲惫不堪，当然，还因为登顶失败感到异常沮丧。可是……他们依然尽可能给我们提供建议和帮助。我想，是的，登山的时候就是这样。这就是为何登山会使人变得伟大的原因。如果没有其他人的帮助，如果没有开路的登山者和搬运货物的夏尔巴人，我和希拉里又能走到哪里呢？如果没有布尔迪隆和埃文斯，没有亨特和达那姆加尔，谁来为我

---

① 詹姆斯·拉姆齐·乌尔曼，《珠穆朗玛峰人：丹增自传》（伦敦：乔治·哈拉普出版社，1955年），第178页。

们扫清前方的道路？如果没有劳和格雷戈里、昂·希马、昂·坦布拉和彭巴，谁会为了仅仅为我们提供帮助而留在那里？正是因为他们所有人的努力和牺牲，我们才有机会登上珠峰。①

他们充分抓住了这次机会。1953年5月29日，丹增·诺盖和埃德蒙·希拉里实现了人类前所未有的壮举：他们站在了世界最高峰——珠穆朗玛峰之巅！

丹增和希拉里有可能仅凭自己的力量登上珠峰吗？答案是否定的。如果没有一支伟大的团队，他们有可能成功吗？答案同样是否定的。为什么？因为随着挑战的升级，对团队合作的需求也会增加。这就是珠穆朗玛峰法则。

你心中的珠峰是什么？

也许你并不是登山爱好者，也根本没有登上珠峰的渴望。但是我敢说，你的心中一定怀有梦想。我之所以如此自信，是因为每个人的内心深处都有梦想——即便有些人还不清楚自己的梦想到底是什么。如果你心怀梦想，那就需要团队来实现它。

如何着手组建团队、实现梦想呢？我认为，最好的方式就是先问自己三个问题：

①　詹姆斯·拉姆齐·乌尔曼，《珠穆朗玛峰人：丹增自传》（伦敦：乔治·哈拉普出版社，1955年），第178页。

1. "我的梦想是什么？"

一切都始于这个问题，因为你的答案反映了你可以实现的成就。罗伯特·格林利夫曾说过，"没有梦想，什么都不会发生。想要成就真正的伟业，首先需要一个真正伟大的梦想。"

你的心里藏着什么？你觉得自己的人生存在怎样的可能性？你希望在有生之年完成什么？只有梦想才能告诉你答案。正如哈莱姆文艺复兴时期的诗人兰斯顿·休斯的诗句：

紧紧抓住梦想，梦想若是破灭，

生命就会变成折断羽翼的鸟儿，再也无法翱翔。

紧紧抓住梦想，梦想若是破灭，

生命就会变成冰雪覆盖的荒原，再也无法生长。

如果你想成就一番伟业，就必须拥有梦想。然而，仅仅怀揣梦想是不够的。只有成为团队的一员，梦想才有可能实现。

2. "我的团队里都有谁？"

第二个问题可以告诉你现状如何，它可以衡量你眼下的处境，能否发挥潜力取决于你目前所处的团队。因此，你必须看一看与你同行的人都是谁。像莫里斯·威尔逊这样只带了三个并不热衷于登顶的同伴就启程的登山者永远也不可能实现登顶的梦想。然而，如丹增·诺盖这般总与世界上最优秀的登山运动员一起攀登珠峰的人，才能最终攀至顶峰。与糟糕的团队一同实现伟大的梦想，到头来不过只是噩梦一场。

3. "我的梦之队该是什么样子？"

事实上，**团队的大小必须与梦想相匹配。**否则，梦想就不可能实现。你根本不可能依靠四号尺寸的团队去实现十号尺寸的终极梦想。这种情况不可能出现。如果想要攀登珠峰，就需要一支与珠峰大小相匹配的团队。除此之外，别无他法。与其借助羸弱的队伍来实现伟大的梦想，还不如依靠强大的团队来实现平凡的梦想。

关注团队，而非梦想

我发现，人们常犯的一个错误就是过分关注梦想，太过忽视团队。可事实上，只要组建了合适的团队，你就几乎不必为梦想操心。

每个梦想都有自己的挑战，挑战的类型决定了你需要建立怎样的团队。看看下面的例子：

挑战的类型	所需团队的类型
全新的挑战	富有创造力的团队
具有争议的挑战	团结的团队
不断变化的挑战	敏捷、灵活的团队
令人不快的挑战	积极主动的团队
多样化的挑战	互补的团队
长期挑战	意志坚定的团队
珠峰般的挑战	经验丰富的团队

想要实现梦想——我指的是真正实现梦想，而不只是想象梦想的模

样——那就需要发展属于你的团队。但是在此期间，请确保你的动机是正确的。有些人召集团队的目的只是为了谋取私利。有些人是因为他们喜欢团队带给他们的体验，希望营造一种集体感。还有一些人是想创建一个组织。这些原因的有趣之处就在于，如果你受到了所有原因的激励，那么你的动机可能就是增加每位成员的价值。但如果你只是出于上述原因之一而建立团队，也许就该好好审视自己的动机了。

如何发展团队

如果现有团队与你理想中的团队不符，你就只有两条路可选：放弃梦想，或是发展团队。如果你选择了后者，我倒是可以给你提供一些建议。

1. 帮助团队成员发展

对于尚未发挥自身潜力的团队来说，第一步就是帮助团队成员发展。如果你是团队的领导者，那么你最重要的职责之一就是发现人们尚不自知的潜力，并将其发掘出来。如果能够做到这一点，你就是在履行领导者的义务。

想一想团队中的成员，根据下面的分类确定他们现在需要什么：

- 充满热情的初学者——需要有人为其指明方向
- 大失所望的学习者——需要有人为其提供辅导
- 小心谨慎的完成者——需要有人为其提供支持
- 自力更生的成功者——需要有人明确他的责任

永远为现有成员提供成长和发展的机会。1935 年，丹增还是一个毫无经验的孩子，但是早期的英国探险家埃里克·希普顿依然给予了他指导。18 年后，他的祖国得到了回报，英国登山队成功登上了世界最高峰。

2. 增加核心成员

你可能会发现，即使所有团队成员都获得了学习和成长的机会，他们也都充分利用了这些机会，团队中依然缺少实现梦想所需的人才。这时就需要开始招募英才。有时，团队缺少的只是一位具有某种才能的核心人物，他决定了团队能否获得成功（我将在板凳法则中做出进一步的讨论）。

3. 更换领导者

团队面对的不同挑战需要不同类型的领导力来应对。如果团队聚集了合适的人才却依然没有取得进展，有时，你的最佳选择就是让一位成员挑起领导的担子。这种转变也许十分短暂，也许更加持久。

眼前的挑战往往决定了适合应战的领导者人选。为什么？因为团队中的所有人都有长板与短板，所有人都应发挥自己的优势。冲顶珠峰的队伍在登山的各个阶段都是这样做的。亨特上校负责挑选登山队员并且带领队伍。他向队员们描绘了一幅愿景，树立了无私奉献的典范，在队员的分工上做出了关键性的决定。丹增负责选择挑夫，领导、组织并且激励他们在各个阶段搭建营地。登山队轮流开路，扫清通往山巅的障碍，因此希拉里和丹增才能最终登上珠峰。每次出现特殊挑战的时候，就会有一位领导者带领队伍迎头向前。同时，所有人通力合作，各司其职。

如果你的团队正面临一个巨大的挑战，而且似乎尚未取得任何进展，那么也许是时候更换领导了。也许，在这段时期，团队中另有更适合担任领导的人选（详细信息可以阅读优势法则中有关主桌谬误和圆桌谬误的部分）。

4. 淘汰拖后腿的成员

有时，某位团队成员可能会因为技术不过关或态度不佳，生生将胜局变成败局。遇到这种情况，你必须把团队放在首位，为了团队的利益做出调整。

丹增就曾在 1953 年攀登珠峰的过程中遇到过这种情况。行程初期，挑夫与英国登山队之间经常爆发冲突，作为夏尔巴人的领队，丹增经常需要在中间调解。屡次协调纷争之后，丹增发现问题出在两名总是挑起纷争的夏尔巴人身上。他立即解雇了他们，并将他们遣送回家，队内的气氛很快便和睦起来。如果团队状况不断或是始终达不到要求，也许你就需要对队伍做出调整了。

发展团队既费力又耗时，但是如果想要实现自己的梦想，你就别无选择。梦想越伟大，团队就该越强大。随着挑战的升级，对团队合作的需求也会增加。这就是珠穆朗玛峰法则。

并非所有挑战都是梦想

我们往往无法选择团队需要面临的挑战。有时，它们就这样出现在我们面前。我们别无选择，只能尽自己所能与团队一同迎战，或是缴械投降，承担后果。无疑，阿波罗 13 号上的宇航员及其支持团队面对的就是这样的情况。

如果你看过汤姆·汉克斯主演的电影《阿波罗 13 号》（或者像我这样

能够回忆起当时的电视报道），那么你就应该对整个事件有了大致的了解。
1970 年 4 月 13 日，美国东部时间晚上 10:07，"奥德赛号"宇宙飞船服
务舱中的一个氧气罐发生爆炸，导致飞船失去了氧气供应和所有常规动力。
此外，主发动机也停止了运转。由于当时飞船距离地球 200 000 英里，而
且正朝着绕月球永久轨道驶去，这是一个灾难性——也可能是致命的——
潜在挑战。

"奥德赛号"的宇航员詹姆斯·洛威尔、小约翰·斯威格特和弗莱德·海
斯无法凭借自己的力量返回地球。他们能否活下来，完全取决于团队合作。
这可谓是太空项目史上最为紧密的团队合作，所有人犹如一台经过充分润
滑的机器，密切配合，协同工作。

前所未有的团队合作

地面飞行控制小组立即指示机组人员关闭发生故障的指挥舱，转移到
"宝瓶座"登月舱，以确保人身安全。宇航员暂时脱离了危险，可他们仍
然面临两大挑战：

（1）尽快让控制舱"奥德赛号"和登月舱"宝瓶座"返航。
（2）节省宇航员赖以生存的消耗品：电力、氧气和水。

这两项任务对每个人的能力和技术提出了严峻的考验。
通常在执行阿波罗系列任务时，休斯顿指挥中心会设立四个控制小组，
分别以白色、黑色、金色和栗色进行标识。每组的技术人员分别负责确保
维持飞船航向所需的各个特定领域。通常，每组接受三名飞控主任中的一

名的领导，实行六小时轮班制。但是，由于三名宇航员的生命危在旦夕，为了向他们提供支援，所有小组的成员都投入了工作之中。首席飞控主任吉恩·克伦茨将其中一个小组从常规轮班中抽调出来，称之为"老虎队"。这15人组成了危机处理小组。

克伦茨将他们召集在一起，对他们说，

在接下来的任务中，我会将你们从控制台上抽调出来。那间房间里的人［别的小组］会实时控制飞行状况，但是他们执行的指令是由这间房间里的人所制定的……在接下来的几天里，我们将提出之前从未尝试过的技术和操作。我想确定我们都知道自己在做什么。①

此外，美国国家航空航天局迅速联系承造商，比如建造登月舱的格鲁曼航空航天公司的相关人员（事实上，阿波罗13号发生故障的消息传出之后，该公司的所有员工全都在半夜赶到航天中心，加入了救援工作）。他们还召集旗下所有顶尖专家和经验丰富的宇航员，迅速组建了一张由模拟器、计算机和专家组成的横跨全美的网络。美国宇航局的记录显示：

宇航员艾伦·谢泼德和埃德·米切尔在休斯顿载人航天中心操纵一台登月模拟器。吉恩·塞尔南和大卫·斯科特负责操纵另一台模拟器。在肯尼迪角，宇航员迪克·戈登在第三台登月模拟器中模拟了紧急处理程序。一组模拟器专家不分昼夜地连续工作。传递到宇航员手中的程序、操作指

---

① 吉姆·洛威尔，杰弗里·克鲁杰，《失去月亮：阿波罗13号的危险之旅》（波士顿：霍顿·米夫林出版社，1994），第159—60页。

令和检查单全都经过了严格的验证。[①]

轻而易举

按照最初的设计，登月舱仅能维持两人度过 49.5 小时。因此该小组的第一项任务便是如何使其能够支持三人熬过 84 小时。他们需要决定如何在保证登月舱运转正常的情况下将运行系统的数量减至最低，这样就能省下超过四分之三的动力。

接下来，必须让登月舱返回地球。这绝不是一项简单的任务，因为他们必须使用登月舱上的小型引擎，可是导航系统已经无法使用了。然而，依靠三位宇航员的努力、登月舱制造商的专业知识和老虎队的精密计算，他们成功完成了任务，而且还提高了飞船的速度，缩短了飞行时间，从而节省了宝贵的水和能源。

该小组面临的第三项挑战是确保宇航员能够安全地呼吸。氧气不是问题，因为小型登月舱配备了充足的氧气。但是二氧化碳的浓度即将达到危险水平，因为登月舱原本的目的是登月，因而并未设计清除过量二氧化碳的系统。

地面工作人员想出了一个聪明的方法，他们指导宇航员改装了指挥舱中的氢氧化锂过滤器。这样一来，过滤器就能在原本并不兼容的登月舱系统中使用了。

每当美国宇航局庞大的团队遇到有可能导致三名宇航员被困太空的障

---

① W. 大卫·康普顿，《人类从未去过的地方：阿波罗探月任务史》（华盛顿：美国宇航局 SP- 4214，1989）。

碍时，集体智慧、与生俱来的坚韧和令人难以置信的合作都能帮助他们渡过难关。1970 年 4 月 17 日，"奥德赛号"上的三名宇航员终于安全返回地面。美国宇航局喜欢将这次任务称作"最伟大的失败"；而我则将其视作珠穆朗玛峰法则的一课。随着挑战的升级，对团队合作的需求也会增加。

将人类送上月球是一项不可思议的挑战。但是，当飞船在距离地球200 000 英里的地方出现故障后，能将他们安全带回地球则是更加令人叹为观止的壮举。这些宇航员是幸运的。他们遇到麻烦时，梦之队已经就位。这是阿波罗 13 号教给我们的经验之一。不能等到生死关头再去组建团队，而应该在挑战出现前便做好准备。如果你还没有组建团队，那就从现在开始着手，这样，万一遇到严峻的挑战，你和你的团队就不至于措手不及。

※

关于团队合作的思考
梦想的大小决定了团队的规模。

成为更好的团队成员

如果挑战的难度不断增加，你的第一反应是什么？你会走到一边独自思考吗？你会试图独自解决问题吗？你会远离他人，躲避压力吗？还是说你会与队友相互扶持，相互依靠？

如果你还没有开始这样做，就一定要教会自己将队友召集在一起。你不可能凭借一己之力应对严峻的挑战。正如丹增所说的："在高高的山巅，你无法丢下同伴，独自登顶。"[1]

成为更好的团队领导者

为了创建能够迎接未来挑战的梦之队，你需要做出怎样的调整？你需要花更多的时间培养员工吗？需要增加核心成员吗？还是说应该更换团队领导？别忘了，你自己也需要不断成长。有句话既适用于团队成员，也适用于团队的领导：不进步，就走人。

---

[1]　乌尔曼，《珠穆朗玛峰人》，第 227 页。

5

链条法则

团队实力会受其最薄弱环节的影响

1989年3月24日，有消息称阿拉斯加威廉王子湾发生了重大环境事故。"埃克森瓦尔迪兹号"油轮在布莱礁触礁。船体受损，11个油舱破裂了8个。结果，油轮运载的5300万加仑原油中有1080万加仑流入大海。

此事对该地区造成了极其巨大的负面影响。渔业和旅游业暂停，当地的经济发展受损，环境也遭到了破坏。专家估计，共有25万只海鸟、2800只海獭、300只海豹、250只秃鹰以及22只虎鲸死亡。此外，数十亿食用鱼——如鲑鱼和鲱鱼等——的鱼卵被毁。尽管这不是有史以来最大的漏油事件，但是专家认为，就其对环境造成的破坏而言，这是历史上最严重的漏油事件。

当然，油轮所属的埃克森公司也为此付出了代价。公司估计，此次事件导致埃克森公司损失了35亿美元：

- 22亿美元的清污费

- 3亿美元的赔偿金

- 10亿美元的州政府与联邦政府解决方案

这还不是全部的支出。除了已支付的款项外，埃克森公司还将额外支付 50 亿美元的惩罚性赔偿金。事故发生十多年后，埃克森公司依然试图通过上诉推翻这一判决。这场损失惨重、影响深远的事故究竟因何而起？链条法则可以告诉我们答案。

断裂的链条

3 月 23 日晚，"埃克森瓦尔迪兹号"像往常一样驶离阿拉斯加输油管终端。一位经验丰富的领航员引导油轮穿过瓦尔迪兹海峡，随后将船只的控制权交还给船长乔·海兹伍德。船长下令将船驶入特定航线后，又将控制权移交给三副格雷戈里·卡辛斯，然后便离开了驾驶台。35 分钟后，"埃克森瓦尔迪兹号"触礁，大量石油泄漏到海中。

事故调查描绘出了一幅丑陋的画面：无视安全标准，对公司政策漠不关心，决策极不明智。接管船只前的几小时，船长一直在喝酒。油轮通过瓦尔迪兹海峡时以及领航员离开后，驾驶室中仅有一人——按照规定，应有两人留守。（这位名叫卡辛斯的三副因为工作过度而疲惫不堪，人们认为这是导致他后来出现导航错误的原因之一。）此外，船只行驶时，瞭望员也没有始终坚守岗位。

海兹伍德船长向船舶交通中心所做的汇报与其实际下达的命令也有出入。晚上 11 点 30 分，船长通过无线电汇报说，油轮航向 200 度，准备减速避让时不时漂浮在航道上的冰山。然而，航行日志却显示，油轮一直在加速前进。9 分钟后，船长下令将航向调整为 180 度，并开启自动巡航模式，但是他未曾向中心报告此次变动。随后，他在 11：53 离开了驾驶室。

00：04，油轮触礁。在近两小时的时间里，卡辛斯和海兹伍德相继试图将船只驶离礁石。此间，原油不断泄入海中。据估计，在最初的三小时内，共有 580 万加仑原油从受损的油轮中流出。那时已经对环境造成了破坏。薄弱的一环导致整段"链条"断裂。阿拉斯加的海岸变得一团糟，海兹伍德的船长生涯就此结束，埃克森则陷入了一场公关噩梦——而且负债累累。

尽管所有团队都喜欢用最优秀的人才来衡量自己的实力，但事实却是，团队实力会受其最薄弱环节的影响。无论人们试图如何将该环节合理化、力图弥补或是隐藏，薄弱环节终将暴露。这就是链条法则。

你的团队并不适合所有人

最初，我在担任团队领导时常会犯一个错误：我觉得应该将所有成员都留在团队里。从某些方面来说，这种想法并没有错。首先，我能够很自然地看到人们的优点。在观察有潜力的人时，我能够预见他们可以取得的成就——即使他们自己尚未察觉。我总是试图鼓励并教导他们，希望他们能够变得更好。其次，我是真心实意地喜欢与人打交道。我觉得同行的人越多，就越热闹。再次，因为心中怀有愿景，我相信我的目标值得追求并且于人有益。有时我会天真地以为，所有人都愿意跟随我一同前行。

然而，世事并不会因为我希望带上所有成员便能如我所愿。对我而言，第一次难忘的经历发生在 1980 年。当时，位于印第安纳州马里恩市的卫斯理工会全球世界总部向我抛出橄榄枝，希望我能出任某个行政职位。我欣然接受，并邀请我的助理加入我正在建立的新团队。于是，她和丈夫决定考虑我的提议，去马里恩看看。我永远不会忘记他们回来之后发生的那一幕。我兴奋地谈论着即将到来的挑战以及应对之道。但是渐渐地，我开始从他们的表情上意识到，情况有些不对劲。这时，他们告诉我，他们不打算去马里恩。

我大吃一惊。事实上，我确信他们的决定是错误的，并且如实相告，竭尽全力想要说服他们改变主意。但是我的妻子玛格丽特给我提了一些非常好的建议，她说："约翰，你的问题就在于你总想带上所有人。可并不是所有人都愿意与你同行。顺其自然吧。"对我来说，这是一个沉痛的教训——即便是现在，有时仍会如此。

根据那次经历以及之后的其他经历，我意识到，对团队合作而言：

1. 不是所有人都愿意与你同行

有些人并不想走。我的助手和她的丈夫想留在俄亥俄州的兰卡斯特，因为多年来，他们已经在那里建立起了人脉网。对其他人来说，问题出在他们的态度。他们不想改变、发展或征服新的领域。他们紧紧抓住现状不放。对于这群人，你所能做的就是衷心感谢他们曾经的贡献，然后继续前进。

2. 不是所有人都应该与你同行

还有一些人不应该加入团队，因为这与他们的个人计划不符。他们另有安排，你想去的地方并不适合他们。你能为这群人所做的就是祝他们一切顺利，并尽你所能，帮助他们踏上成功之路。

3. 不是所有人都能够与你同行

第三类人的问题在于他们能力不够，可能无法跟上队友的脚步，也无法帮助团队实现目标。如何才能识别这一类人？不难：

· 他们跟不上其他人的步伐。

· 他们在自己负责的领域内毫无进步。

· 他们看不到大局。

· 他们无法克服个人的弱点。

· 他们不愿与团队成员合作。

· 他们无法在其所处领域达到人们的期望。

如果有人表现出上述一项或多项特征，那么你就必须承认，他们是团队中的薄弱环节。

不是说他们一定就是坏人。事实上，有些团队的目标就是加强薄弱环节或是帮助他们变得更强。这取决于团队的目标。例如，当我还是主任牧师的时候，我们会向社区里的人们发放食物、提供帮助。我们帮助人们戒除毒瘾，走出离婚的阴影，克服许多其他困难。我们的目标就是为他们服务。帮助陷入困境的人们既是善举，也是恰当的行为。但是在他们心灰意冷、虚弱无力的时候让他们加入团队，对他们没有任何帮助，反而会伤害到团队——甚至会导致团队无法实现为人们服务的目的。

如何对待团队中的薄弱环节？只有两种选择：要么训练，要么解雇。当然，你的首选永远都应该是努力训练他们。你可以采取多种形式给予他们帮助：要求他们阅读，送他们参加培训，给他们带去新的挑战，为他们配备导师。我相信，人们往往都能达到你所期望的水平。给予他们希望，对他们进行训练，通常他们都会取得进步。

但是，如果某个成员在接受培训、受到鼓励、获得成长的机会之后，仍然没能达到预期，应该怎么做？我父亲常说的一句话就是，"水往低处流"。你团队中的薄弱环节也许会成为另一个团队的明星。你需要给那个人一个找准最佳位置的机会。

薄弱环节的影响

但凡团队领导者，都躲不过处理薄弱环节这一关。无法完成分内之事的成员会拖慢整个团队前进的速度，并会对你的领导产生负面影响。如果团队中存在薄弱环节，就有可能出现以下几种情况：

1. 实力强劲者看出了谁实力不济

薄弱环节根本无处隐藏（除非所有团队成员都缺乏实力）。如果团队中存在实力强劲的成员，他们绝对可以发现谁的表现始终不如其他人。

2. 实力强劲者不得不帮助实力不济者

如果成员必须团结协作才能完成任务，那么在遇到一个实力不济的队友时，他们只有两种选择：忽视他，任凭团队利益受损；或者帮助他，使团队更加成功。如果他们具有团队精神，就会伸出援手。

3. 实力强劲者开始怨恨实力不济者

不论强者是否给予弱者帮助，结局往往只有一种：心生怨恨。没有人愿意始终因为同一个人而不断面对失败或是落后。

4. 实力强劲者效率降低

额外承担别人的任务会影响自己的表现。长此以往，整个团队都会遭殃。

5. 实力强劲者开始质疑领导者的能力

只要领导者放任薄弱环节留在团队中，为了弥补他的缺陷而不得不承担额外工作的团队成员就会开始怀疑领导者的勇气和洞察力。**如果无法正确处理实力最弱的成员，你就会失去实力最强者的尊重。**

可能许多团队成员可以避开对水平欠佳的下属进行处置的艰难决定，但是领导者却不能。事实上，领导者和追随者之间的区别之一就是行动力。追随者往往知道应该做些什么，可他们不愿或无法坚持到底。但是你要知道：如果因为你不愿或不能做出决定，而由团队中的其他人为你代劳的话，你的领导力就会受损，你没能很好地为团队服务。

强化链条

与实力强劲者比起来，实力不济的队员往往会占用团队更多的时间。原因之一就是，能力更强的队员不得不花时间替无法完成分内之事的成员完成任务。强者与弱者之间的差距越大，对团队的损害就越大。例如，假设我们用十分制对团队成员进行评分（1分最低，10分最高），那么10分队员中若出现了一名5分队员，团队的表现就会受到严重影响。但是如果10分队员中有一位8分队员，团队的表现往往就不会受到影响。

让我来告诉你为何会如此吧。最初将一群人聚集在一起时，他们的才能以类似加法的形式组合在一起。因此，10分队员中若出现了一名5分队员，就应该是下面这种情况：

10 + 10 + 10 + 10 + 5 = 45

这支队伍与全员10分的优秀团队之间的差距就像是50分和45分之间的区别。两者相差了10%。可一旦团队集结完毕，队员之间开始产生化学反应和协同作用并且逐渐取得了前进的动力，这种组合形式就会变得与乘法相似。此时，薄弱环节才会开始对团队造成真正的伤害。两者之间的差距变成了：

$$10 \times 10 \times 10 \times 10 \times 10 = 100{,}000$$
$$10 \times 10 \times 10 \times 10 \times 5 = 50{,}000$$

差距达到了 50%！团队的力量和动力也许能够暂时弥补一个薄弱环节造成的影响，但这始终不是长久之计。薄弱环节终会将团队的动力和潜力消耗殆尽。

具有讽刺意味的是，实力较弱的成员不像实力强劲的成员那样了解自己的弱点和缺点。他们还会耗费更多的时间去捍卫自己的领地，保住自己的位置，守好自己的财产。要知道：弱者往往在人际互动中掌控着人际关系。例如，自我形象良好的人往往比自我形象差的人更加灵活。拥有清晰愿景的人比没有愿景的人更容易采取行动。能力出众、精力充沛的人可以比天资平庸的人取得更多的成就，工作更长的时间。如果两人同行，强者就必须一直与弱者携手工作，不断停下脚步等待后者。因此，弱者往往控制着通往成功之路上所发生的一切。

如果团队中存在无法或不愿提升至团队平均水平的薄弱环节——而且你已经竭尽所能帮助他提高自己的能力——那么，你就必须采取行动。此时，请听从作家丹尼·考克斯和约翰·胡佛的建议。如果需要将某个人请出团队，一定要谨慎、明确、诚恳、利落。此人离开后，对其他团队成员开诚布公，同时保持对那个人的尊重。[1] 如果此前或之后，你改变了主意，就请记住这

---

① 丹尼·考克斯，约翰·胡佛，《突破困境的领导艺术》（纽约：麦格劳希尔集团 1992 ），第 69 - 70 页。

一点：只要团队中存在薄弱环节，所有成员都会受到影响。

消除薄弱环节

没有人希望团队中存在薄弱环节，因为他会导致团队无法实现自己的目标。然而，我们都不得不与实力不济的成员共事。有时，这会变成一段美好的经历。如果能够帮助队友从薄弱环节成长为团队的中坚力量——甚至是明星队员——你将获得丰厚的个人回报。但是无论好坏，任何团队都免不了与表现不尽如人意的成员共事，不是吗？世间不存在没有薄弱环节的团队，不是吗？

正如我之前提过的，团队的目标通常决定了存在薄弱环节的团队究竟能够做出怎样的表现。有时，团队面临的风险极高，成员们承担不起薄弱环节带来的后果。美国海军的海豹突击队就是如此。他们的任务要求极高，哪怕团队中有一人实力不济，也会导致所有队员命丧黄泉。

近年来，海豹突击队吸引了人们的广泛关注，成为许多小说和电影的主角，并且捕获了人们的想象力，因为人们认为他们是精英中的精英。正如一位前海豹队员所说的，"没有哪支队伍是自己所选领域中的完美之师"。

1962 年，约翰·肯尼迪总统首次组建了海豹突击队。它的前身是二战期间发展起来的水下爆破小组，负责清除诺曼底的奥马哈海滩与犹他海滩以及后来太平洋岛屿上两栖登陆区的障碍物。与美国军队各部中所有的特种作战部队一样，他们是武器、肉搏战以及爆破方面的专家，而且接受过跳伞训练。但他们的专长是水上与水下行动。这就是他们名字的由来："海豹"一词表明他们能够进行海、陆、空三栖作战。

锻造链条

海豹突击队成功的关键在于训练——训练的重点不是学会使用某种武器或掌握某项技能,而是强化队员的能力,发展团队合作。武器发生了变化,作战方法也与之前不同,但是自海豹突击队成立以来,高强度的身心训练却一直延续了下来。美国特种部队司令部总司令彼得·肖马克表示,"除了核心价值,一切都摆在台面上;为了完成任务,我们必须随时准备改变除了这些核心价值之外的所有东西。海豹突击队的核心价值就是人。"[①]

招募合适队员的过程从遴选开始。符合条件的人选才有资格申请参加海豹突击队的训练,只有十分之一的申请人能够获准参训(海军建议候选人在提交申请前每周至少跑上 30 英里并且进行长距离游泳)。入选者需要接受为期26周的高强度身体、心理和抗压训练。与他们严酷的身心训练相比,海军新兵训练营简直就像是野餐郊游。约翰·罗特通过了训练,并于 1962 年成为新成立的海豹突击队的首批队员之一。他说,共有 1300 多名男性参加了测试,但最终只有 134 人入选训练项目。由于训练强度极大,第一天就有人选择退出。他觉得这是一件好事。他解释道:

还剩下大约 130 人时,教官将每十人分为一组,每组都分到一艘橡皮艇……所有小组都必须顶着橡皮艇训练,如果有人支撑不住,全组成员都会遭殃。除非无法适应训练的人离开营地,否则组员们就不可能学会团队合作。如果不离开,这些人就只会给别人带来负担。听起来很冷酷无情,

---

① 约翰·卡尔·罗特,《美国海军海豹突击队队员的诞生》(纽约:百兰坦图书公司,1998),第 192 页。

但这就是生活。①

最初五周的训练极其残酷,体力消耗令人难以置信。接下来就进入了"地狱周",受训者需要连续五天持续接受身体和精神上的挑战。整整一周只能休息四五个小时,其他时间全在训练。这次训练可以剔除剩余的薄弱环节,同时将队员们锻造成一个真正的团队。罗特描述了"地狱周"带来的影响:

在地狱周,所有班级学习的内容都是相同的:你可以抵达自己之前不敢想象的地方,但是你不可能独自做到这一点。只有到现在依然站着的人才属于那里。较之其他训练,地狱周的训练内容几乎不会发生变化,原因很简单:教员们找不到比这更好的方法来挑选队员。你无法光凭长相来判断谁能挺过测试。书面考试无法判断一个人是否具有团队合作精神。要是仅凭心理学家提出的几个是非题就能挑选出优秀的特工,海军部一定十分高兴。不过最主要的问题是,心理学家根本无法预测谁能在五天多不眠不休、持续训练、体能达到极限的训练中生存下来。这仍然是一场考验。②

海豹突击队的训练强度异常之大,有些班级中甚至没有一个人完成了训练。最终,与罗特一同接受训练的 134 人中,只有 49 人顺利毕业。一位学员的话说出了那些经历过重压与痛苦的战士的心声:"我不能放弃,不然就会让我的同伴失望。绝对不能这样做。"

---

① 约翰·卡尔·罗特,《美国海军海豹突击队队员的诞生》(纽约:百兰坦图书公司,1998),第 7 页。
② 约翰·卡尔·罗特,《美国海军海豹突击队队员的诞生》(纽约:百兰坦图书公司,1998),第 223 页。

许多人认为，海豹突击队是美军精英特种部队中的精英。他们的互动就是团队合作的定义。他们之间的相互依赖，是大多数人无法理解也永远不会经历的。他们的存亡取决于此。因此，他们承担不起薄弱环节带来的后果。

尽管你可能永远都不必面对海豹突击队员那样的压力，但是有一点可以肯定：团队实力会受其最薄弱环节的影响。不论你身处何种类型的团队，这一点始终不变。这就是链条法则。

※

关于团队合作的思考
团队不可能永远掩盖自己的弱点。

成为更好的团队成员

大多数人往往会本能地用自己最擅长的方面评价自己，同时又用别人最不擅长的方面衡量他人。因此，他们会指出队友需要改进的地方。然而，事实上，每个人首先要对自己的成长负责。

冷静地想一想你自己。利用本章提供的标准，看看你可能在哪些方面拖累了团队。如果下表的描述与你的情况相符，就请在"自己"下面的方框中打勾。如果你够勇敢，就请你的配偶或密友对你进行评价，并在"朋友"下面的方框中做出标记。

表 5—1　正确地评价自己和团队

评价人		可能出现的情况
自己	朋友	
☐	☐	无法跟上其他团队成员的脚步
☐	☐	在自己负责的领域内毫无进步
☐	☐	很难把握大局
☐	☐	很难看清自己的弱点
☐	☐	很难与其他成员合作
☐	☐	常常无法在自己负责的领域内实现别人的期望

如果你（或是其他对你进行评估的人）勾选了多个选项，你就需要为自己制定一项成长计划了，只有这样，你才不会拖团队的后腿。与团队领导者或值得信任的导师谈一谈应该如何增强你的薄弱环节。

成为更好的团队领导者

如果你是团队领导者，就不能忽视薄弱环节带来的问题。不同类型的团队应该采取不同的解决方案。如果你的团队是家庭，就不能简单地淘汰弱者。你需要满怀爱心地培养他们，努力帮助他们成长，不过同时也应尽量减少他们对其他家庭成员造成的伤害。如果你的团队是企业，就需要对企业所有者或股东负责。如果为弱者提供了培训但却没有任何成效，也许就可以请他走人了。如果你的团队是政府部门，而且培训没有任何效果，那么也许可以让弱者暂时休整一段时间。或者请他们暂时离开团队，处理好自己的情感或情绪问题。

不管面对怎样的情况，都请记住，你必须依照下面的顺序对人们责任：组织，团队，然后才是个人。你自己的兴趣——和舒适——排在最后。

6

催化剂法则

获胜的球队中总有推动事情向前发展的球员

多数团队通常都无法单靠自己的力量取得进步，如果放任不管，他们就不会成长，无法进步，也不可能达到冠军的水平。相反，他们往往会放慢脚步。只有向上走才能抵达下一个阶段，如果没有进取之心，团队必然就会倒退。团队失去焦点、没了节奏、能量减弱、四分五裂、丧失动力。在某个时刻，它也会失去核心人物。停滞不前、最终沦为平庸只是时间问题。这就是为什么能够发挥潜力的团队总是拥有一位"催化剂"队员。

催化剂的定义

所谓的"催化剂"就是我所说的"完成一件事之后接着去做另一件事"的人。我有幸见过的"催化剂"成员当中，最杰出的一位当属迈克尔·乔丹。在许多人（包括我）看来，他是有史以来最伟大的篮球运动员，不仅因为他天赋异禀、运动能力超群并且对比赛理解深刻，还因为他拥有催化剂般的能力。他在作为业余运动员以及芝加哥公牛队职业球员期间的履历就是实力的证明：

·获得 NCAA 一级联赛冠军（1982）

·两次被《体育新闻》评为"年度最佳大学球员"（1983、1984）

·获得奈史密斯奖和伍登奖（1984）

·赢得 2 枚奥运金牌（1984、1992）

·6 次赢得 NBA 总冠军（1991、1992、1993、1996、1997、1998）

·当选 NBA 年度最佳新秀（1985）

·入选 NBA 年度最佳新秀阵容（1985）

·10 次入选 NBA 全明星第一阵容（987、1988、1989、1990、1991、1992、1993、1996、1997、1998）

·保持 NBA 职业生涯最高场均得分记录（每场得分 31.5 分）

·保持 NBA 得分王记录（10 次）

·保持 NBA 投篮命中王记录（10 次）和出手王记录（10 次）

·NBA 历史上总得分排行榜第三（29,277 分）、总抢断排行榜第三（2306 次）、总入球数排行榜第四（10,962 次）

·当选年度最佳防守球员（1985；在被指责他"只懂"进攻之后）

·8 次入选 NBA 最佳防守阵容一队（1988、1989、1990、1991、1993、1997、1998）

·5 次获得 NBA 最有价值球员称号（1988、1991、1992、1996、1998）

·6 次获得 NBA 总决赛最有价值球员称号（1991、1992、1993、1996、1997、1998）

·当选 NBA 史上最伟大的 50 位球员之一

这些统计数字有力地证明了乔丹的能力，但是它们尚未体现出乔丹全部的实力。只有观察赛场上的乔丹，才能发现他所有的能力。每当公牛队需要走出低谷的时候，球就会落到乔丹手中。每当需要有人在最后投出制胜的一球时，球就会落到乔丹手中。即使在现实中，需要有人带领大家一同前进时，球还是会落到乔丹手中。不管场上状况如何，乔丹都有能力带领球队赢得胜利。这就是冠军球队的风采。获胜的球队中总有推动事情向前发展的球员。这就是催化剂法则。

推动事情向前发展

我们都知道，迈克尔·乔丹已经退役，他的球员生涯已经结束。但是他并没有离开赛场。2000年初，乔丹成为华盛顿奇才队的股东之一，并出任球队运营经理一职。仅仅一周之后，乔丹就穿上奇才队的23号球衣，参与了球队的训练。

奇才队前锋特雷西·穆雷曾在几次训练中负责防守乔丹。他在事后说道："他依然与以前一样……扣篮、跳投、后仰。"

没有人觉得他的球技会减弱，尤其是在退役仅仅两年之后。但是，他作为催化剂的能力也丝毫没有减弱。默里继续说道："一踏进体育馆，他就开始废话连篇，训练强度不知不觉就上去了。"

所有的催化剂成员都能增加团队训练的强度。对于乔丹下场训练这件事，一位评论员是这样评论的："他展现出自己的本色，奇才队的训练课也因此与之前大不相同，开始变得既充满活力又富有乐趣。"

"我们每天都应该期待这样的场面。"乔丹回应道，"实际上，我告诉他们，他们不该等我来展示他们的魅力。我只是试着让他们集中注意力，向他们发起挑战，说我该说的话。如果他们能用心与我比赛，就能用心迎战任何队伍。这很有趣。"

这就是催化剂成员的风格——乐在其中。他喜欢激励团队，推动事情向前发展，尽一切努力将团队送上更高的水平。如果催化剂成员始终能做到这一点，团队就会变得有所期待、自信满满、士气高涨、最终给人们带来惊喜。这就是催化剂法则。获胜的球队中总有推动事情向前发展的球员！

三类队员

关键时刻，催化剂成员就会显得至关重要，无论他是实现了艰巨目标的销售人员，发挥了重要作用的球员，还是帮助子女在其人生的关键时刻赢得自信的父母。如果没有催化剂，团队就无法实现伟大的目标，甚至无法开拓新的领域。

我的团队经验告诉我，适用体坛的原则同样也适用于商界、政府部门和家庭关系。一旦时间所剩无几，比赛进入胶着状态，团队中就只剩三种人：

1. 不想拿球的人

有些人没有能力在高压之下帮助团队渡过难关，而且他们自己也清楚这一点。因此，他们不愿承担带领球队取得胜利的责任，也不应该将这副重担加在他们身上。让他们在留在自己擅长的领域就好。

2. 想拿球却不该拿球的人

这类队员无法带领球队走向胜利。问题就在于，他们缺乏自知之明。这往往是因为他们太过自负，才华却有限。对团队来说，这些人可能十分危险。

3. 想拿球也应该拿球的人

这一类队员的人数最少，他们希望能够在关键时刻成为"多面手"，而且也真正具备这种实力。面对困境时，他们能够或推或拉，或是扛着团队更上一层楼。他们就是催化剂。

只要想成为常胜将军，任何团队都需要催化剂。没有他们，即使团队人才荟萃，也无法实现最高水平。我曾在 20 世纪 90 年代末与 2000 年的亚特兰大勇士队身上看到了这样的实例。他们拥有最好的投手、最好的击球手、获得过"金手套"奖的外野手和优秀的替补投手。有的球员曾获"联赛最有价值球员"称号，有的则是年度最佳新秀。然而，他们缺少带领他们夺取世界大赛冠军的催化剂。

催化剂的特征

一旦催化剂对团队产生了影响并激励成员取得胜利之后，我们很容易就能辨认出他们，在体坛尤其如此。如果这个人不仅自身达到了一个全新的水平，而且还带领团队更上一层楼的时候，你自然一眼便能看到他。但是，在此之前应该如何识别催化剂呢？如何才能找到团队中的催化剂？

不论处于哪个领域或是带领怎样的团队，催化剂具有的某些特征都将使其不同于其他团队成员。我在常常能与我接触的催化剂成员身上观察到以下九种特征：

1. 敏锐的直觉

催化剂能够感知别人感觉不到的东西。他们也许能够发现对手的弱点；

能灵光乍现，化劣势为优势；能运用他们感知到的任何东西帮助团队取得成功。

团队类型不同，直觉的表现方式就不同。这很容易理解，因为团队的目标决定了团队的价值观。还有一个原因就是人们在自己天生擅长的领域中拥有最为敏感的直觉。因此，对于一家小型企业来说，催化剂可能就是能够嗅到别人尚未察觉的机会的企业家。对于政府部门或其他非营利组织而言，催化剂也许就是仅凭直觉就能识别领导力并且可以招募到才华横溢的志愿者的人。对于橄榄球队来说，催化剂也许就是可以察觉到防守队员反应不及，因而迅速组织进攻，赢得比赛的四分卫。上述各例情况不同，但是结果却无一例外：催化剂能够察觉机会，使团队受益。

2. 善于交流

为了能够推动团队向前发展，催化剂会说一些其他成员不会说的话。有时，他们是为了与队友分享自己凭借直觉感受到的东西，以便为迎接挑战做出更为充分的准备。其他时候，他们是想要激励或鼓励其他成员。他们通常知道什么时候应该激励队友，什么时候又该踢他一脚。只要看到一支队伍突然发生了转变，或是士气高涨，就一定能看到队伍中有人在说话、并且在指挥、激励众人。在强势政治领导人的身上，也能看到这一点。丘吉尔、罗斯福和肯尼迪等人用他们的话语改变了世界，他们是催化剂，催化剂善于与人沟通。

3. 满怀热情

催化剂能感受到别人感受不到的东西。他们对自己所做的事情充满热情，而且也想和队友分享这份热情。有时，激情会如同有节制的怒火一般爆发，从而实现其所在领域的目标。其他时候，它则表现为一种极富感染力的热情。但是，不论表现形式如何，它都能激励团队走向成功。

虽然辛辛那提红人队的传奇球员皮特·罗斯也曾遇到过困境，但他无疑是20世纪棒球界最伟大的催化剂之一。一次，有人问他，对棒球运动员而言，最重要的东西是什么？是眼睛，腿，还是胳膊？罗斯的回答很能说明问题。他说，"都不是。如果失去了热情，球员的生涯就会终结。"如果一个人失去了热情，也就不再能够称之为催化剂。

4. 才华横溢

催化剂能够做别人做不到的事情，因为他们不仅满怀激情，而且才华横溢。如果离开了专业知识和擅长的领域，很少有人能够成为催化剂。原因主要有两点。首先，有才华的人知道成功需要什么。如果连在个人层面取得成功所需的技能都没有掌握，何谈将团队送至更高处。你根本做不到这一点。

第二个原因就是，催化剂会对其他团队成员产生影响。如果因为表现不佳无法赢得队友的信任，就无法对他们施加影响。催化剂需要与他人分享自己的天赋，帮助他们取得进步。没有天赋，就没有可以与人分享之物。

5. 富有创造力

催化剂的另一个常见特征就是富有创造力。他们能够想到别人想不到的东西。大多数团队成员在处理问题时可能会死记硬背（或墨守成规），但催化剂的思维方式却与队友们不同。他们一直在寻找全新、独创的方法。

商业与运动团队顾问卡尔·梅斯断言："创造力就是不论在哪里，都能抓住手中的东西，并对其加以充分利用。"有时，他们的想法能够改变比赛的节奏。其他时候，他们改写规则的能力则可以改变比赛的方式。

6. 积极主动

我欣赏有创造力的人，而且多年来，我也曾与许多有创造力的人合作共事。事实上，我觉得我自己就很有创造力，尤其是在写作和教学领域。但是与这些人打交道的经历让我了解到他们身上的一些特征：虽然所有富有创造力的人都拥有许多想法，但并非所有人都擅长将这些创意付诸实践。

催化剂不存在这个问题。他们能做别人做不到的事情。他们不仅在思想上有创意，而且行动起来也很有纪律性。他们喜欢推动事情向前发展。这种主动性可以表现为各种形式：为了激励球员，棒球经理会与裁判争论；为了帮助陷入困境的孩子，父母会更换工作或举家搬迁；为了鼓励员工突破困境，企业主会提供金钱奖励。这样，队伍就能够动起来。最终，催化剂在促进自身发展的同时，也推动着团队向前进步。

7. 负责可靠

催化剂可以承担别人无法承担的责任。我的朋友特·凯茜是连锁餐厅福来炸鸡的创始人。她曾经说过："如果需要有人拿主意，那就由我来做出决定。"这句话也许可以成为所有催化剂的座右铭。

不久前，电视上出现了一则广告，两位顾问向一家公司的首席执行官提出建议，告诉他如何才能将企业提升到一个新的水平。他们阐述了应该如何更新公司的计算机系统，如何改进配送系统，如何更改营销渠道，从而提高效率、增加获利。

仔细听完他们说的每一句话之后，首席执行官笑着说道："建议不错。那就动手吧。"

顾问们面露窘色。片刻之后，其中一人结结巴巴地说道："事实上，我们从未动手落实过我们的意见。"

催化剂与顾问不同。他们不会建议人们应该如何行动。他们会负责落实这些建议。

8. 慷慨大方

催化剂可以提供别人无法提供的东西，承担责任的一个真正标志就是愿意为了实现目标奉献自己，催化剂的身上就具备这种品质。他们随时准备利用自己的资源帮助团队取得进步，无论他们需要付出时间、耗费金钱还是牺牲个人利益。

纽约商人尤金·朗就是一个为团队奉献自己的典型。1981年6月25日，朗站在了纽约市东哈莱姆区第121小学61名即将毕业的六年级学生面前。几十年前，他就是从这里毕业的。他知道，从统计数据来看，接下来的六年里，可能会有75%的孩子辍学，无法获得高中文凭。他想做些什么来改变这种状况。

首先，他鼓励他们努力工作，并且告诉他们，只要努力了，就能获得成功。随后，他头脑一热，从顾问化身为催化剂。他向孩子们承诺，如果他们能够坚持学习，顺利拿到高中文凭，他就会为所有人提供大学奖学金。"我有一个梦想"项目就始于这个承诺。

四年后，这61名学生无一辍学。六年后，与朗保持联系的54个孩子中，有90%从高中毕业，三分之二的孩子上了大学。现在，"我有一个梦想"为57个城市的160个项目提供赞助，影响了10 000个孩子的人生——这一切全都因为朗决定成为催化剂。

9. 颇具影响力

催化剂能够以别人无法做到的方式领导队友。即便不回应其他人，团队成员也会紧随催化剂的脚步。如果一位天赋异禀的成员尤其缺乏领导力，他可以成为自己擅长的专业领域内的有效催化剂。但是，对于天生的领袖而言，其影响范围将远远超出自己的团队。

迈克尔·乔丹依然是一个极好的例子。显然，他在芝加哥公牛队的队友间有着巨大的影响力，但是他的影响力已经远远超出了公牛队的范围。2001 年的 NBA 全明星赛上，我就亲身感受到了这一点。赛前，我有幸在小教堂中为运动员和裁判演讲。后来，我又有机会与本次比赛的裁判们共处一室。聊天的时候，我问他们，哪位球员的诚实最令人尊重。他们的答案是迈克尔·乔丹。

一名裁判说，在一场势均力敌的比赛中，对方球员丹尼·安吉在三分线附近投篮得分。由于无法确定当时他是否站在三分线外，裁判判定安吉得了两分，随后立刻有人叫了暂停。其间，一名裁判询问乔丹，对方球员的投篮是否为有效的三分球，乔丹表示确实是三分球，他们判给了安吉三分。乔丹的诚实——和影响力——使他们改变了主意。

如果你在某位团队成员的身上发现了不止一项特征，就请拭目以待。关键时刻，他的表现很可能提升到一个全新的水平，并会努力带领团队登上新的高峰。

我的催化剂队员

在我的公司音久集团，许多成员都是公司内部的催化剂。但是，在这一方面，没有人可以超过首席执行官戴夫·萨瑟兰。

1994 年，戴夫成为 ISS 总裁——ISS 是音久集团旗下通过募捐活动帮助教会筹集资金的分公司。在他上任之前，我曾认真考虑过解散这间分公司。因为 ISS 无法在财务上实现自给自足，它消耗了公司其他更具生产力的部门的时间和资源，却并未产生我预想中的积极影响。但是我相信戴夫·萨瑟兰的领导会改变 ISS 的面貌。他入职后不久，ISS 便开始有了起色。

第二年，公司制定了一些相当具有挑战性的目标。那一年，公司计划与 80 所教堂合作，这个数字比前一年翻了一番。必须有人专门去教会做推介，只有当他们接受我们的帮助之后，才算是建立了合作。

12 月第一周的一天，我去了戴夫的办公室，与他的妻子兼助理罗克茜聊了一会儿。我有一阵子没见到戴夫了，于是就问罗克茜他在哪里。

"他去做推介了。"她说。

我觉得有些奇怪，因为公司有几位核心员工，推介就是他们的工作。

"他什么时候能回来？"我问。

"让我想想，"罗克茜说，"他是感恩节后的那个周一出发的。那时候，我们距离目标还差 24 所教堂。戴夫说完成目标之前，他不会回家。"

他做到了。12 月 19 日前，他一直在外奔波。不过，我并不觉得吃惊。我的执笔人查理·威泽尔告诉我，在长达 30 年的销售和营销生涯中，戴夫从未让任何一个目标落空。一次也没有。

坚忍的品行和超群的能力对他大有裨益，也令团队受益匪浅。由于顺利实现了目标，戴夫使团队中的每个人都成了当年的赢家。借助他所创造的动力，公司所有员工齐力将 ISS 提升到了一个全新的水平。一年后，ISS 坐上了全球同类公司的第二把交椅。到 2000 年底，它已经帮助全美一千多家教会筹集了超过 10 亿美元。

如果你的团队中也有迈克尔·乔丹、尤金·朗或戴夫·萨瑟兰这样的成员，你的球队就有机会获胜。他们是完成一件事之后接着去做另一件事的人。为什么这很重要？因为获胜的球队中总有推动事情向前发展的球员。没有他们，团队永远也无法发挥出它的潜力。这就是催化剂法则。

※

关于团队合作的思考
完成一件事之后接着去做另一件事的人才能赢得比赛的胜利

成为更好的团队成员

团队面临紧要关头时，你究竟表现如何？你想拿球，还是宁愿它落到别人手中？如果团队中存在更具才华、效率更高的催化剂，你就不该在紧要关头与他争抢。此时，你应该"协助"这些人就位，以便让整个团队从中受益。但是如果你因为害怕或没有尽全力改善自己的表现而打算避开聚光灯，那么你就调整自己的心态了。

你可以通过以下几点逐渐改善自己的表现：

·找一位导师。只有在比自己更优秀的人的帮助下才能成为催化剂。找一个推动事情向前发展的人来帮助你。

·实施成长计划。实施一项能帮助你发展技能和天赋的计划。不然，你就无法将团队带至更高的水平。

·离开舒适区。只有尝试突破，才能了解尚未开发的能力。

也许践行了这三条指导方针之后，你仍然无法成为催化剂，但至少你能够做到最好——这也是所有人对你的要求。

成为更好的团队领导者

如果你正在领导一个团队，就需要依靠催化剂来推动团队发挥出潜力。利用本章所列的九项特征识别和招募能够在完成一件事之后接着去做另一件事的人。如果在现有成员的身上看到了这种潜力，就鼓励他们采取主动，成为团队中积极的影响者。如果团队成员不能或不愿发挥这样的作用，就从团队之外招募人才。没有催化剂，任何团队都无法发挥出最高水平。获胜的球队中总有推动事情向前发展的球员。

7

指南针法则

先有伟大的愿景，后有伟大的成就

近百年来，IBM 一直犹如激流中的磐石，在美国激烈的企业竞争中屹立不倒。即便是在 20 世纪 30 年代成千上万家企业纷纷倒闭的大萧条期间，IBM 也依然在不断地发展壮大。其力量之源便是业务与技术的创新。

引入技术

20 世纪 40 年代，IBM 推出了马克一号（Mark I）。在此后半个世纪的时光里，它依然在计算机领域不断实现突破创新。20 世纪 50 年代和 60 年代，它接连不断地引入各项创新。1971 年，IBM 的年收入已达 80 亿美元，拥有员工 270 000 名。提起蓝筹公司，人们立刻就会想到 IBM。

但是，纵观 IBM 的发展历程就能发现，它曾在 20 世纪 80 年代末和 90 年代举步维艰。这 10 年，IBM 对技术变革的反应开始变得十分迟缓。结果，到了 1991 年，它反倒每年亏损 80 亿美元。尽管它努力重获技术进步，但是消费者的好感度却跌至历史最低水平。人们曾认为 IBM 在技术竞争中占尽了优势，但现在却觉得它已经彻底落伍——在一群如同猎豹般飞

奔的新公司面前，它就像是一只步伐缓慢的恐龙。如果再不做出转变，IBM
就会有大麻烦。

于是，IBM 在 1993 年聘请了路易斯·郭士纳出任首席执行官。他迅速
开始为自己的团队——IBM 执行委员会——招募主要成员。也许其中最重
要的一位新成员当属受邀出任 IBM 高级营销副总裁的阿比·科恩斯塔姆。

引入······指南针

科恩斯塔姆巴不得能够立刻着手推行改革。她相信，IBM 拥有足够强
大的产品，但是它的营销能力却十分低下。上任之后，她发现情况比她的
预期还要糟糕。IBM 无法有效地接触客户，营销部的员工甚至不清楚谁做
过什么或是为什么要这样做。例如，当科恩斯塔姆问及营销部员工的数量时，
得到的答案居然五花八门。《今日美国》的格雷格·法雷尔对此做出了如
下描述："公司旗下有十几项准独立业务，与全球 70 家广告代理商开展了
合作，权力分散、各自为政。"

科恩斯塔姆立即解除了与这些广告商的合同，另聘了一家广告代理机
构，奥美广告。她希望能为整个 IBM 团队找到一个适用于硬件、软件和服
务的统一主题。没过多久，她的愿望就实现了。IBM 采纳了电子商务的理念。
科恩斯塔姆称："电子商务是 IBM 唯一的焦点，也是公司有史以来最大的
营销活动。"

她的愿景似乎开始发挥了作用。曾为康柏做过推广的广告代理商史蒂
夫·加德纳说："电子商务最让人惊叹的一点就是，它将 IBM 从一个落后
者转变成了互联网领域的领导者，但是却没有对它的系列产品或服务做出
任何实质性的改变。这是一项惊人的成就。"

IBM 曾经陷入过困境，但是现在它重新在这片战场上找到了方向，建立了信心。高级副总裁兼负责销售和分销的集团执行官比尔·埃森顿指出，将重点放在营销上的做法对 IBM 的员工产生了令人难以置信的积极影响。作为一名在 IBM 工作了 37 年的老员工，他应该十分清楚这一点。他说："我们都对这场非凡的活动充满热情。它为公司带来了优势，并且以更现代化的方式将公司呈现在人们面前。"[①] 营销传播副总裁莫林·麦克奎尔对此表示赞同："这项活动激励了员工。我们正试图让所有人同唱一支曲，劲往一处使。"对于一家已经很久未能在竞争的舞台上高歌一曲的公司来说，这是一项重大成就。它证明了，愿景能为团队成员指明方向、建立信心。这就是指南针法则的力量。

不要迷失方向

你曾经处于一个原地踏步的团队之中吗？也许这个团队人才济济，既不缺资源，也不乏机会，而且队内氛围融洽，可是整个团队却一事无成！如果确实出现了这种情况，很有可能就是由于缺乏愿景所造成的。

先有伟大的愿景，后有伟大的成就。所有团队都需要一个催人奋进的愿景来指明方向。一个没有愿景的团队，往差了说是毫无目标；往好了说是受制于不同成员的个人（有时是自私的）安排。由于这些安排往往相互冲突，团队的能量和干劲就会消失殆尽。相反，拥有愿景的团队则目标明确、充满活力、信心百倍。它知道自己要去往何方，为什么要去那里。

---

① 米歇尔·马切蒂，《IBM 的营销远见》，《销售和营销管理》，2000 年 9 月，第 55 页。

人称"士兵将军"的英国陆军元帅伯纳德·蒙哥马利曾在二战的战场上运筹帷幄。他写道:"每一位士兵在踏上战场之前都必须知道,自己参与的小型战斗将影响整个战役,个人作战的结果也将影响整场战役的结果。"团队成员必须清楚自己究竟为何而战。否则,团队就会陷入困境。

领导者的责任

蒙哥马利元帅擅长与自己队伍中的士兵交流,并为他们描绘有关战斗的愿景。这项能力给他与军队带来了成功。他深知领导者必须为团队成员描画出愿景。作家以斯拉·厄尔·琼斯指出:

领导者本人未必非成为最伟大的愿景者。愿景可以来自任何人。然而,领导者必须将愿景阐释清楚,还必须将它摆在人们面前,时刻提醒他们为实现愿景已经取得了哪些进展。否则,人们可能会因为觉得成功无望而放弃。

如果你是团队领导,那么你就有责任找到一个既有价值又催人奋进的愿景,并将它清晰地传达给你的团队成员。然而,即使你不是领导者,确定一个清晰的愿景仍然十分重要。如果不了解团队的愿景,就无法自信地表现;无法确定自己和队友是否正在朝着正确的方向前进。如果没有从自己的优势、信念和目标出发审视这一愿景,你甚至无法确定这个团队是否适合你。对团队中所有人来说,愿景必须能催人奋进。

看看你的指南针

如何衡量愿景？如何才能知道它是否值得追求、催人奋进？看一看你的指南针。每个团队都需要指南针。事实上，每个团队都需要不止一个指南针。踏上任何旅程之前，团队都应该先看一看以下六个"指南针"。

团队的愿景必须符合：

1. 道德指南针（向上看）

百万富翁、慈善家安德鲁·卡内基曾感叹道：**"除非以最严格的诚信原则为基础，否则很难建立伟大的企业。"** 任何努力都是如此。正北方只有一处。如果你的指南针指向了其他范围，团队就会误入歧途。

道德指南针能够保证愿景诚实可靠。这有助于所有团队成员检查自己的动机，确保自己正在为正确的目标而努力。这也使提出愿景的领导者具备了可信度——但前提是他们要树立起团队所期望的价值。只有做到了这一点，才能为愿景增添助力，让它可以继续前进。

2. 直觉指南针（向内看）

正直可以为愿景增添助力，激情则能够点燃动力。然而，真正的激情和信念之火只能来自内心。

在《领导力挑战》（*The Leadership Challenge*）一书中，詹姆斯·库兹斯和巴里·波斯纳解释道，"愿景源自直觉。如果需求是发明之母，那么直觉就是愿景之母。经验滋养着我们的直觉，增强了我们的洞察力。"愿景必须能够在团队领导者内心深处产生共鸣。然后，也必须在团队成员中产生共鸣，因为他们需要努力工作，实现这个愿景。这就是直觉激情的价值。它产生的热量可以点燃投入其中的人，也能够灼伤尚未全情投入的人。

3. 历史指南针（向后看）

我在印第安纳州的乡村学到一句古话："弄清楚人们为什么设立栅栏之前，先别着急去拆它。"你可能根本不知道：栅栏的另一头也许有一头公牛！催人奋进的愿景应该以过去为基础，而不是贬低过去。它应该积极利用组织以前的团队所做的贡献。

无论在何时描绘愿景，都必须在过去、现在和未来之间建立起联系。你必须三者结合在一起。**不了解过去就无法触及未来。**如果将团队的历史包括在内，组织中的老成员就会觉得自己受到了重视（即使他们已不再是队伍中的明星）。与此同时，新人也可以获得安全感，因为他们知道当前的愿景立足过去，通向未来。

实现这一点的最佳办法是什么？讲故事。原则可能会在人们的脑海中消失，但是故事永远不会褪色。它们可以将人们与愿景连接起来。你可以讲述具有历史厚重感的过去的故事；讲述发生在团队成员之间的令人振奋的故事；讲述愿景实现那一天的故事。故事就像是一枚图钉，可以将愿景悬挂在人们面前。

4. 方向指南针（向前看）

诗人亨利·大卫·梭罗曾写道："如果一个人自信地朝着自己的梦想前进，努力按照想象中的方式生活，那么他就将在某个平凡的时刻与成功不期而遇。"正如我之前已经提过的，愿景为团队指明了方向。这个方向一部分源自使命感；另一部分源自为愿景设定目的的目标。

目标激励着团队。美国国家橄榄球联盟裁判吉姆·通尼说过："为什么我们称之为球门线？因为进攻 11 个人为了同一个目标挤在一起——把球送到线的另一边。每个人都有自己特定的任务——四分卫、外接手、每一位前锋，所有球员都清楚自己的任务是什么。即使是防守球队也有自己的目标——阻止进攻球队得分。"

5. 战略指南针（环顾四周）

光有目标却没有具体的实施步骤，对团队而言并无益处。没有战略的愿景比白日梦强不了多少。正如文斯·阿布纳所说："光有愿景并不够——必须与冒险相结合。光盯着台阶看并不够；我们必须踩着台阶上楼。"

战略的价值在于它提供了实现愿景的过程。它能识别资源、动员团队成员。人们需要的不仅仅是信息和鼓励，他们需要有人指导他们如何将愿景成为现实，以及实现愿景的方法。战略能告诉他们答案。

6. 愿景指南针（放眼未来）

团队的愿景必须超越当前所处的环境以及当前队友身上任何的明显缺点，看到团队的潜力。一个真正伟大的愿景可以告诉我们，如果团队成员实现了自我价值，发挥出自己最高的水平，他们将成为怎样的人。

如果你是团队的领导者，让人们发挥潜力意味着向他们发出挑战。如你所知，找到团队成员是一回事，帮助他们成长又是另一回事。影响深远的愿景可以帮助团队最大限度地利用自己的才能。

没有挑战，许多人往往就会慢慢倒下、渐渐衰退。查尔斯·诺布尔曾说过：**"你必须拥有长远的愿景，才能避免被短期的失利所打败。"** 说的没错。愿景可以帮助人们获得动力，这对才华横溢的人来说尤其重要。有时，他们会缺乏战斗的欲望。这就是为什么像米开朗基罗这样完美的艺术家会向上帝祈祷："主啊，请赐予我时刻想要超越现状的渴望吧。"愿景指南针可以回应这样的祈祷。

有人说，只有见人所未见，才可做人之所不能。这句话彰显了愿景的价值。但这也表明，愿景可能难以捉摸。如果你能根据这六个指南针自信地衡量团队的愿景，并且发现它们都指向正确的方向，那么你的团队就极有机会取得成功，而且不会犯错。没有愿景，团队不仅无法成功，甚至根本无法生存。古代以色列的所罗门王被认为是有史以来最睿智的人。他说的话千真万确："没有异相（即愿景），民就灭亡。"① 愿景能为团队成员指明方向、建立信心。离开了方向与信心，团队将一事无成。这就是指南针法则的关键本质。

咖啡的魔力

有些人像 IBM 的艾比·科恩斯塔姆那样抓住了愿景，借此将团队的注意力集中到一处。其他人则被愿景的力量所俘获，生活轨迹因此发生了变化。

1987 年收购了星巴克的霍华德·舒尔茨就是这样的人。

对舒尔茨来说，星巴克并不陌生。1982 年，从北密歇根大学毕业仅六年的舒尔茨辞去了瑞典家庭用品公司哈马尔帕斯美国业务部副总裁一职，加入了星巴克。他发现，这家西雅图咖啡零售商旗下四家门店售出的哈马尔帕斯滴漏式咖啡机的数量甚至超过了纽约的梅西百货。

舒尔茨依然记得自己在初次访问星巴克的第二天，为星巴克描绘的

---

① 箴言 29:18 创世纪。

愿景：

> 它就像是一颗闪亮的宝石……它散发着一种魔力，一种我从未在商场中体验过的激情与真实感。也许，只是也许，我可以成为这种魔力的一部分。也许我可以帮助它成长。创立一家企业是什么感觉？……拥有股权，而不仅仅是领取薪水的感觉如何？我可以给星巴克带去什么，从而使它变得更好？[①]

帮助星巴克走出西雅图，甚至走向整个美国的愿景令舒尔茨着迷。担任星巴克零售运营和营销总监之后，他便开始着手扩张。然而，入职星巴克大约一年之后，他对咖啡行业本身的愿景也开始不断扩大。

扩大公司规模

在一次访问意大利之后，舒尔茨看到了在每家星巴克门店设立吧台出售浓缩咖啡的巨大潜力。他相信，此举能够为公司带来最大的利益，但他无法说服老板接受他的愿景。自 1971 年成立以来，星巴克一直只出售新鲜的咖啡豆，从未按杯出售过咖啡。

尽管心中怀着对星巴克的热爱，三年之后，舒尔茨还是选择了辞职。他创办了自己的公司，并且取得了成功。但是两年后，当星巴克的老板告诉舒尔茨他们打算卖掉公司的时候，舒尔茨抓住了这个机会。1987 年，两

[①] 霍华德·舒尔茨，多利·琼斯·杨，《用心倾注：星巴克如何成功营销》，纽约：亥伯龙出版社，1997，第 36-37 页。

家公司合并为星巴克公司。

两个因素促使霍华德·舒尔茨开始扩大星巴克的规模。首先就是他对咖啡的热爱。其次是他希望创造一个重视员工，使他们能到享受尊重和尊严的工作场所。孩提时代，他看到父亲为了养家糊口辛苦操劳，因此这对他来说非常重要。舒尔茨说：

我非常尊重我的父亲。他没有高中文凭，但他是一个努力工作、诚实正直的人。有时，为了让我们能有饭吃，他不得不同时做两三份工作。他非常疼爱自己的三个孩子，周末会和我们一起打球……可他是个颓废的人。他做过很多蓝领工作——卡车司机、工厂工人、出租车司机——但是没有一年挣到过两万美元，也买不起自己的房子。童年时期，我们参加了各种"项目"，领取是布鲁克林区卡纳西的联邦住房补贴……他一直试图融入某个体制，但是这个体制把他压垮了。[1]

说起有关咖啡的愿景，舒尔茨根本不需要为星巴克担心。然而，工作环境却是另一回事。在他离开公司的两年里，星巴克的员工士气低落。舒尔茨说："人们愤世嫉俗、小心翼翼、颓废消极又无所适从。他们觉得自己被前任管理层抛弃了，因为我而焦虑不安。当初加入星巴克时的那种信任和共同愿景已经严重受损。"[2]

---

[1] 霍华德·舒尔茨，多利·琼斯·杨，《用心倾注：星巴克如何成功营销》，纽约：亥伯龙出版社，1997，第3-4页。
[2] 霍华德·舒尔茨，多利·琼斯·杨，《用心倾注：星巴克如何成功营销》，纽约：亥伯龙出版社，1997，第102页。

重塑愿景

舒尔茨立即开始着手解决这些问题——下车伊始便是下面这份声明：

五年前，我为这家公司改变了自己的生活。我之所以这样做，是因为我在其中看到了你们的热情。我毕生的梦想就是加入这样的公司，与一群拥有共同愿景的人合作共事。我在你们身上看到了这一点，这让我十分向往。

今天，我之所以站在这里，是因为我热爱这家公司。我热爱它所代表的一切……我知道你们很害怕。我知道你们很担心。有些人甚至可能很生气。但是我们能在半路相遇，我保证绝不会让你们失望。我保证绝不会丢下任何一个人。①

舒尔茨为员工们描绘了一幅愿景。在接下来的几个月里，他证明了他仍然十分重视高品质的咖啡。但是，他并没有止步于此。他开始做一些能够表明他重视团队的事情。他将星巴克的员工称作"合伙人"，并且用其经营公司的方式证明了这一说法。他创建了一个涵盖所有人的健康计划，就连兼职人员也包括在内。他阐明了公司的使命，并建立起小时工也能够要求管理层对其负责的体系。即便是每周工作 20 小时负责为顾客制作卡布奇诺的小时工也有选购买公司的股票。

舒尔茨试图创建一个人们愿意为之效力的公司，一个像他父亲这样的人也能享受尊严和尊重的工作场所。他成功实现了这个目标，同时也为公

---

① 霍华德·舒尔茨，多利·琼斯·杨，《用心倾注：星巴克如何成功营销》，纽约：亥伯龙出版社，1997，第 101 页。

司创造了巨大的利润。现在，星巴克已经成为市值超过60亿美元的上市公司。它在全球开设了5000多家门店，每周为2000多万人提供服务，而且门店的数量依然在持续增加。在《福布斯》的最佳雇主名单上，星巴克名列前茅。

舒尔茨这样总结他在星巴克所扮演的角色：

一开始，我是一个梦想家……后来，我变成了企业家……再后来，我不得不成为一名管理者，因为公司规模不断扩大，我需要委派越来越多的人去做出决策。现在，我的角色是星巴克的领导者、愿景者、拉拉队队长以及热情之火的守护者。

如今，星巴克的客户、伙伴和股东都能够清楚地看到公司的方向，并对其充满信心。这就是愿景对团队所起的作用。这就是指南针法则的力量。

※

关于团队合作的思考
看见愿景之后，你就能将它抓在手中。

成为更好的团队成员

你团队的愿景是什么？你会惊讶地发现，许多一同工作的团队成员并不清楚自己为何要这样做。例如，当我成为圣地亚哥地平线教会的领袖时就遇到了这种情况。教会董事会由12名成员组成。第一次会面时，我要求他们清晰地阐明教会的愿景，结果我得到了八种不同的答案。如果没有指南针，团队就无法自信地前进！

作为团队的一员，你需要清楚地了解团队的愿景。如果团队没有愿景，就帮助它创建一个。如果团队已经找到了自己的指南针和前进的路线，你就需要根据它来审视自己，确保自己没有出现偏差。否则的话，你和你的队友都将遭遇挫败。改变也许对所有人都好。

成为更好的团队领导者

如果你是你团队的领导者，你就有责任向成员们传递团队的愿景，并且始终将其呈现在队员面前。这不是一件容易的事。通用电气公司首席执行官杰克·韦尔奇说过："毫无疑问，传达愿景、营造氛围一直是并将继续成为迄今为止我们所面临的最艰巨的工作。"

我发现，团队的指南针需要清楚地、具有创造性地、持续展示在人们面前。每当我努力向团队成员描绘愿景的时候，我都会使用下面这份清单。我尽量确保每一条有关愿景的信息都能做到：

·清晰性：使愿景易于理解（阐明人们必须知道什么以及我希望他们做些什么）

·连贯性：将过去、现在和未来连接在一起

·目的性：为愿景指明方向

·目标性：为愿景设定目的

·诚实性：为愿景增添诚信，使愿景的塑造者令人信服

·故事性：将员工与愿景联系在一起

·挑战性：进一步拓展愿景

·热情性：为愿景注入活力

·模范性：为愿景增添责任

·战略性：为愿景制定实施策略

下次当你准备向员工传达愿景时，不妨使用这份清单。别忘了其中的任何一项。我相信你的团队成员会发现这个愿景更容易理解，也更容易接受。你也就能看到他们具有更明确的方向和更坚定的信心。

8

坏苹果法则

态度糟糕的团队注定走向失败

我从小就喜欢打篮球。四年级时，我第一次看高中篮球比赛，从那时起，我就被它深深地迷住了。不久之后，爸爸在房屋的一侧铺了一条水泥车道，并在车库里为我安了一个篮球筐。从那一天起一直到去上大学，我常常在这个小院子里练习投篮，打比赛。

上高中的时候，我已经成了一名优秀的运动员。高一时，我加入了校二队。高二时，我们队创造了15胜3负的记录，甚至超过了一队。我们为此十分骄傲——甚至有些得意忘形。我之所以这么说是因为高二那年发生了一件事。

球队的一项传统就是，教练唐·内夫会挑选本赛季表现特别优秀的球员参加俄亥俄州篮球赛。这些球员几乎清一色的全是高年级学生，而且往往总是一队球员。但是那一年，我也取得了参赛资格。我当时反应如何？因为内夫教练的认可而感激涕零吗？不，我告诉他，我觉得他应该选择全员选派二队球员上场比赛。毫无疑问，他绝对不会这样做。

第二年，关注俄亥俄州高中篮球联赛的评论家们认为我们队有机会赢得州冠军。我猜他们是看到了前一年高年级一队球员的表现（他们今年还会参赛）以及二队中具备实力的球员，他们认为我们可以组成一支劲旅。我们的球队中确实有很多有实力的球员。20 世纪 60 年代末，有多少高中队敢说，他们队除了个别队员外，几乎所有队员都能扣篮？可是，那个赛季的结果却令人大失所望。

每况愈下

赛季一开始，球队就遇到了问题。低年级中有两位球员具备首发出场的能力：约翰·托马斯和我。约翰是球队里最好的篮板手，而我则是最好的得分后卫。我们认为，赛场上应该以实力论英雄，而且我们完全有资格进入首发阵容。去年没能打主力的高年级学生却觉得论资排辈，我们还应该再等一等。

前一年一队与二队之间的竞争演变成了低年级与高年级之间的战争。训练时，低年级与高年级打对抗赛，比赛中，高年级绝不会把球传给低年级，反之亦然。球队的输赢不再是评判胜利与否的标准，而是看低年级的表现是否比高年级抢眼。如果我们比高年级学生投篮、传球、篮板次数更多，我们就觉得我们已经赢了这场比赛，比赛结果已经变得不再重要。

战争愈演愈烈，以至于没过多久，低年级和高年级甚至不肯再赛场上合作。内夫教练不得不将我们隔开。如果高年级首发，换人时，他就不得不换上五名低年级学生。我们成了顶着同一个名字的两支球队。

我不记得是谁挑起了这场导致队伍分裂的战争，但我记得我和约翰·托马斯很早就欣然接受了这种状况。我一直是一名领导者，我对其他团队成员产生了影响。不幸的是，我不得不承认，我将三年级学生引向了错误的方向。

一开始只有一两名球员态度不好，最后人人都陷入了糟糕的境地。矛盾最激烈的时候，甚至就连那些不想卷入斗争的球员也受到了影响。整个赛季变成了一场灾难。最后，我们成绩平平，根本没能发挥出我们应有的水平。这件事告诉你，恶劣的态度会毁掉整个团队。这就是坏苹果定律。

光有人才是不够的

通过高中的篮球经历，我了解到，光有人才不足以给一支球队带来成功。当然，你需要人才。我的朋友杰出的大学橄榄球教练卢·霍尔茨曾说过："只有拥有优秀的运动员才能赢得比赛的胜利……没有优秀的运动员，你不可能获胜，但是有了他们，你也可能会输。"想要赢得胜利，单凭人才是不够的。

我的高中队友都很有天赋，如果这就足够的话，我们早就成了得州冠军。但是，我们人人态度恶劣。你也知道谁最终赢得了天赋和态度之战的胜利。也许这就是为什么现在，我明白了积极态度的重要性，并且在我和孩子成长的过程中以及领导团队之时非常重视这一点的原因。

几年前，我为《获胜的态度》（*The Winning Attitude*）一书写了一些东西。我想与你们分享一下：

态度……

它是真实自我的"先遣人员"。

它扎根在内心，结果在外部。

它不是我们最好的朋友，就是我们最大的敌人。

它比我们的话语更诚实、更一致。

它是基于过去经验的外在表现。

它是可以将人吸引过来也可以将人远远推开。

它只有得到充分表达才会满足。

它是我们过去的记录者。

它是我们现在的发言人。

它是我们未来的预言家。

队员态度良好的团队未必能够获得成功，但是态度糟糕的团队却注定走向失败。

以下五条关于态度的真理阐明了它们是如何对团队和团队合作产生影响的。

1. 态度既能提升团队，也能摧毁团队

丹尼斯·威特利曾在《成功契机》（*The Winner's Edge*）一书中说过："商界、专业团体、教育界、政府和家庭中真正的领导者似乎都在利用一种特殊的优势，这种优势将他们与其他社会成员分隔开来。胜者的优势不在于出身、智商或天赋。胜者的优势在于态度，而非资质。"

不幸的是，我觉得有太多人不赞同这种观点。他们想要相信，单凭天赋（或者天赋加上经验）就足够了。但是，由于球员没有摆正态度，有太多汇聚优秀球员的球队终究一冠难求。

表 8—1　不同的态度导致不同的影响

态度	+	态度	=	结果
杰出的人才	+	恶劣的态度	=	糟糕的球队
杰出的人才	+	糟糕的态度	=	平凡的球队
杰出的人才	+	普通的态度	=	优秀的球队
杰出的人才	+	良好的态度	=	伟大的球队

如果你想取得优异的成绩，就需要优秀的人才和令人敬畏的态度。如果态度得到改善，团队的潜力也会上升。如果态度恶化，团队的潜力也会随之下降。

2. 与他人接触时，态度会相互作用

团队中有几样东西是不会传染的：天赋、经验、练习的意愿。但是有一样东西肯定会传染：那就是态度。如果团队中有人因为虚心好学而取得了进步，其他人更有可能表现出类似的特点。如果领导者在面对令人沮丧的环境时依然能够保持乐观，其他人就会钦佩这种品质，并希望能够像她那样坚强。如果团队成员表现出强烈的职业道德并开始产生积极的影响，其他人就会开始模仿。人们总是容易受到与自己朝夕相处的人的影响——接受他们的心态、信念和应对挑战的方法。

罗杰·班尼斯特的故事生动地说明了态度可以相互作用。20 世纪上半叶，许多体育专家认为，人类无法在四分钟内跑完一英里。在很长一段时间里，他们的看法是正确的。但是，1954 年 5 月 6 日，英国赛跑运动员、大学生罗杰·班尼斯特在牛津的一场比赛中以 3 分 59.4 秒跑完了一英里。此后，在不到两个月的时间里，另一名赛跑运动员、澳大利亚人约翰·蓝迪也突破了 4 分钟的大关。接着，又有几十位运动员跑进了 4 分钟。为什么？

因为最优秀的赛跑运动员的态度发生了改变。他们开始接受同伴们的心态和信念。

与他人接触之后，班尼斯特的态度和行为开始对别人产生了作用，他的态度扩散开来。现在，所有世界级赛跑运动员都能在四分钟内跑完一英里。

3. 恶劣态度的传播速度更快

只有一样东西比良好的态度更具传染性——那就是糟糕的态度。出于某种原因，许多人认为颓废消极是一件时髦的事情。我猜他们可能觉得这会让他们显得十分聪明或重要。但是，事实上，消极的态度弊大于利。同时，它还会对周围的人造成伤害。

一位聪明的棒球经理曾经说过，他从来不让积极的球员和消极的球员共处一室。分配房间时，他总是把消极的球员放在一起，这样他们的态度就不会毒害其他人。

想知道态度或心态传播得有多快多容易，只要想想诺曼·卡辛斯的故事就可以了。在一场足球比赛中，急救站的一名医生怀疑五个人食物中毒，并对他们进行了相应的治疗。由于他们症状相似，他试图找出他们时间的共同点。他很快发现，五个人都从体育场内的一个小卖部买过饮料。

医生想尽一份责任，于是要求赛场播报员建议人们不要从某个小卖部购买饮料，以免食物中毒。不久，两百多人抱怨说自己也出现了食物中毒的症状。将近一半的人症状十分严重，不得不被送往医院。

然而，故事并没有就此结束。有关部门稍作调查之后发现，最初的五位病人是在前往赛场的途中，在一家熟食店吃了受污染的土豆沙拉。当其他"患者"发现体育场里的饮料是十分安全之后，奇迹般地恢复了健康。这个故事说明态度的传播得非常迅速。

4. 态度是主观的，所以很难识别错误的态度

你是否有过这样的经历：第一次和某人交流，你觉得他态度很差，但却无法确切指出到底问题出在哪里？我相信许多人都有这种经历。

人们之所以怀疑自己对他人态度的观察，是因为态度是主观的。态度不好的人未必做过任何违法或不道德的事情。然而，他的态度可能仍在毁掉这个团队。

人们总是会将他们内心的感受表现出来。态度实际上表明了一个人的真实状态，内心反应在行为之中。让我与你们分享一些会对团队造成破坏的常见的恶劣态度。这样当你遇见这种态度的时候，就能认出他们是什么样的人。

无法承认错误。你曾经和从不肯承认错误的人相处过吗？这种经历很痛苦。没有人是完美的，但是认为自己完美无缺的人并不是理想的队友。他的错误态度总会造成冲突。

无法原谅别人。据说有人曾怂恿现代护理的创始人克拉尔·巴顿对多年前她遭受的残酷行为表示哀伤，但是巴顿没有上钩。

"你不记得自己受的委屈了吗？"朋友刺激他。

"不记得了，"巴顿回答，"我清楚地记得我已经忘记了。"

怀恨在心从来都不是积极或恰当的行为。如果队友之间互不宽容，肯定会伤害团队。

心怀嫉妒。真正会对人造成伤害的东西是对平等的渴望，这种渴望会滋生嫉妒。出于某种原因，持这种态度的人认为，每个人都应该得到平等的待遇，无论其天赋、表现或影响如何。然而，没有什么比这更偏离事实了。我们每个人都是独一无二的，表现也不同，因此，我们应该受到不同的对待。

自我膨胀。在《迈向巅峰》（*The Winner Within*）中，获得巨大成功

的 NBA 教练帕特·莱利谈到了自我膨胀。他说："自我膨胀的团队成员，对自己的重要性产生了一种压倒一切的信念。他们的行为实际上是在宣扬'我就是最佳人选'。"赖利断言，这种疾病总是有着同样不可避免的结果："我们一起失败"。

过度挑剔。 弗雷德和玛莎在教堂做完礼拜后开车回家。"弗雷德，"玛莎问，"你注意到牧师今天的布道没什么意思了吗？"

"没有啊，我完全没有这种感觉，"弗雷德回答。

"嗯，你出来唱诗班水平一般了吗？"

"没有。"他回答。

"嗯，你一定注意到了我们面前那对年轻夫妇和他们的孩子，他们一直在吵闹！"

"对不起，亲爱的，但是我真的没有。"

玛莎最后厌恶地说："老实说，弗雷德，我不知道你为什么还要专门去教堂。"

如果团队中也有人如此挑剔，每个人都会发现，因为团队中的每个人都怎么做都无法令他满意。

抢夺功劳。 另一个伤害团队的恶劣态度与自我膨胀相似。但是，这种人可能在幕后制造纠纷，并且走到前台邀功——不管他是否赢得了比赛。他的态度与入选美国 NBA 名人堂的中锋比尔·拉塞尔正好相反。后者谈到他在球场上的表现时说到："衡量我的表现是否出色的最重要的标准是我是否让我的队友表现出色。"

当然还有其他负面的态度我还没有提到，但我的意图不是列出每一种恶劣态度——我只想列出一些最常见的态度。**总之，大多数恶劣态度是自私的结果。** 如果你一个队友贬低了其他人，破坏了团队合作，或者把自己看得比团队更重要，那么你可以确定自己遇到了一个态度不好的人。

5. 恶劣的态度可以毁掉一切

必须纠正错误的态度。可以肯定，他们总会在团队中引起不和、怨恨、斗争和分裂。如果不加以解决，它们永远也不会自行消失。它们只会让团队溃烂和毁灭——毁掉它发挥潜力的机会。

态度不好的人很难相处，而且态度看起来很主观。当你遇到一个坏苹果时，你可能会怀疑你的直觉。毕竟，如果只有你认为他态度恶劣，那么你就没有权利解决这个问题，不是吗？如果你在乎整个团队，就不会这样做了。糟糕的态度会毁掉一个团队，这永远是正确的。如果你把一个坏苹果放在一桶好苹果里，最终总得到一桶坏苹果。

美国第三任总统托马斯·杰斐逊说："没有什么能阻止一个怀有正确心态的人实现他的目标；世界上也没有什么能帮助怀有错误心态的人。"如果你关心你的球队，并且致力于帮助所有球员，就不能忽视恶劣的态度。如果你这样做了，就会尝到坏苹果法则的恶果。

最好的朋友还是最坏的敌人

态度影响一个人所做的一切，它决定了一个人如何看待世界以及与其他人互动。每个人的态度——或是积极，或是消极——总是会影响他的表现，不管他的天赋、履历或处境如何。

我读过的最引人注目的故事之一就讲述了发生在旧金山湾区的坏苹果法则。一所学校的校长叫来三名教师，通知他们该地区将要进行的一项实验。

"因为你们是这里中最好的老师，"她说，"我们将给你们 90 个经过精挑细选的高智商学生。我们将让你们以他们能够接受的速度培养他们，看看他们能够学到多少。"

老师和学生都很高兴。这一年，他们有了一段美妙的体验。学期结束时，学生们的成绩比该地区任何其他学生都要高出 20% 到 30%。

一年后，校长叫来老师，告诉他们："我要向你们坦白一件事。这 90 个学生的智力并不是最突出的，他们只是普通学生。我们从系统中随机抽取了 90 名学生，并将他们交给了你们。"

老师们很高兴。如果学生只是普通人，那就表明老师表现出了非凡的教学技能和专长。

"我还要告诉你们，"校长继续说道，"你也不是最聪明的老师，你的名字是从帽子里随机抽的。"

如果学生和老师是随机挑选的，那么是什么使他们比任何其他群体都取得了更大的进步呢？是相关人员的态度。因为老师和学生期望成功，他们就发挥出了更大的潜力。态度改变了一切。

如果你想给你的团队最好的成功机会，那就践行坏苹果法则。用坏苹果换好苹果，你就有机会了，因为坏苹果会毁掉一个团队。

※

关于团队合作的思考
你的态度决定了团队的态度。

成为更好的团队成员

谈到态度，首先要从你自己开始。你做得怎么样？例如，你是否……

·认为团队不能没有你？

·私下里（或者公开地）相信最近团队的成功归功于你个人的努力，而不是整个团队的工作？

·独吞了给予其他团队成员的表扬和奖励？

·当你犯错误时，很难承认？（如果你相信自己没有犯错，你需要检查一下！）

·提起队友过去的错误？

·觉得你的工资很低？

如果上述有一条以上符合你的情况，那么你就应该审视自己的态度了。

与你的队友谈一谈，看看你的态度是否对团队造成了伤害。和你的领导谈谈，如果你真的认为工资不公平，就需要和你的雇主谈谈，看看你的情况如何。**无论何时，不平等的关系都不会持久——无论你付出的比你得到的多，还是得到的比你应得的多。**无论哪种情况，这种关系都会破裂。

注意！我有一个警告：如果你离开你的职位是因为你认为自己被低估了，并且你在新的环境下没有取得成功，那么你很可能高估了自己的价值或者低估了组织为帮助你成功所做的事情。

成为更好的团队领导者

如果你认为团队中有一个坏苹果，就需要把这个人拉到一边，和他讨论一下情况。用正确的方法做这件事很重要。采取高姿态：当你接近他的时候，分享你所观察到的，但是应该允许他辩解。如果你的看法是错误的，就需要得到澄清（如果有几个态度不好的人，就从带头的那一个开始）。

如果这真的只是你的感觉，团队没有受到伤害，那么你也没有造成任何伤害，你已经理顺了你和另一个人之间的关系。

然而，如果事实证明你的看法是正确的，并且这个人的态度是问题的所在，就应该给他明确的期望和改变的机会，让他承担起责任。如果他改变了，这是团队的胜利。如果没有，就把他请出团队。你不能让他留下来，因为你可以肯定他糟糕的态度会毁了团队。

9

可靠性法则

队友须能在紧要关头互相依靠

佐治亚州首府亚特兰大市有许多优点，其中之一就是它是一个体育城。1997年，我把家和公司都搬迁到了这里。我去观看比赛的机会并不多，但是，没有什么比参加充满活力和激情的体育赛事更让我欢欣的了。无论是勇士队（棒球）、老鹰队（篮球）、猎鹰队（足球）还是鸫鸟队（曲棍球）的比赛，与一两位朋友同观看比赛都是一件乐事。

当亚特兰大宣布将组建一支曲棍球队时，人们立即开始制定计划，要为该队建造一个新球场。自20世纪70年代初起，老鹰队就在这里老欧姆尼赛场打比赛了。人们提议将其拆除，在原址新建一座赛场。新赛场拥有18 000个座位，配有包厢座位，不仅可以举办曲棍球和篮球，还可以举办音乐会和其他活动，是最先进的综合娱乐中心。

但是，欧姆尼赛场无法以常规办法进行拆除。首先，拆除工作必须尽快完成，以便早日开始兴建新赛场。其次，老赛场采用的是悬臂式屋顶，不可能按照与建筑方式相反的顺序进行拆除，这对拆迁人员来说太过危险。于是，唯一的选择就是炸掉它。

爆破家族

如果拆除队在炸掉一栋建筑，或者更准确地说是爆破一栋建筑时需要寻求帮助，就一定会去找卢瓦索家族。他们率先开始使用炸药安全拆除建筑，也是控制爆破公司所有者和创始人。公司的创立者是杰克·卢瓦索，他在20世纪40年代创办了一家公司，用炸药清除了三个树桩。1957年，他第一次成功爆破了一栋大楼。20世纪60年代，他创建了控制爆破公司。自从第一次爆破拆除了华盛顿特区的一栋公寓楼以来，他的公司已经在全世界范围内成功拆除了7000多栋建筑。

控制爆破公司是家族企业，最初由杰克和他的妻子弗雷迪经营公司。没过多久，他们的儿子马克和道格也加入了公司。1976年杰克退休时，他的儿子们接手了公司。现在，马克的几个孩子也加入了他们的行列，其中就包括30出头的女儿史黛西。史黛西从15岁起就已经开始干这一行，现在已经是一名专家了。

犹如穿针一般

卢瓦索夫妇接到这份工作后，很快便发现此次爆破难度较大，因为欧姆尼距离其他建筑很近。它的一侧是世界会议中心，另一侧是MARTA车站（亚特兰大的公共轨道交通）。另一边是CNN中心，一天24小时不间断地播出有线电视节目和广播节目。CNN广场距离欧姆尼只有13英尺远！稍稍出错就有可能破坏MARTA线路，导致最繁忙的车站被迫关闭，CNN的节目也有可能暂时中断。当然，在最坏的情况下，欧姆尼可能会朝错误的方向倾倒，毁掉CNN大楼。卢瓦索一家需要充分利用他们的专业知识和

50 年来积累的经验才能完成这项任务。

爆破一座建筑始终是一项危险的任务。每个项目都不相同，需要专门制定策略。在建筑物的许多关键位置钻孔，如柱子，并填入适量的爆料。然后，这些爆炸点通常会被链条栅栏铁丝网围栏裹住（以便在爆炸时能够网住体积较大的碎块），并且包裹在一种有助于控制爆炸的特殊织物中。"它不会阻碍混凝土移动，但是可以防止混凝土被炸飞。"史黛西·卢瓦索说，"我们有时也会在整层楼周围挂上窗帘，用来阻挡穿过了前面两层阻挡的东西。这才是你真正的责任所在。"通常，他们还会在建筑物周围建起泥土护堤以保护附近的人和建筑物。

显然，任何从事爆破工作的人都会面临风险。但是最大的危险来自炸药引爆的方式。为了让建筑自己倒塌，卢瓦索夫妇及其工作人员必须精确安排这些炸药的排序，通常，两个任务之间只相差几分之一秒。欧姆尼就是这种情况。首先屋顶需要直接落下，然后三面墙需要向内落下，接着第四面墙向外落下。1997 年 7 月 26 日早上 6:53，爆破开始，一切都按照计划进行。整个过程只用了 10 秒钟。

当要像卢瓦索家族那样成功爆破一桩建筑，所有细节都必须是正确的——从分析建筑结构，到制定爆破计划，填充炸药，安装设备，再到做好周边保护措施。如果团队中有一个人没有做好自己的本职工作，就会拖累其他成员，不仅公司没有达到目标，还会让很多人和财产处于危险之中。队友必须能够在紧要关头互相依靠。这是可靠性法则。

相互信赖

风险越高，可靠性法则的重要性就越明显。但是你不需要从事爆破行业才能运用这项法则。试图按时推出产品的企业经营者依靠供应商在关键时刻兑现他们的承诺。试图取悦顾客的服务员依靠厨房工作人员将食物准备妥当。准备求职面试的妈妈必须知道她的保姆会按照承诺出现。如果可靠性有所下降，那么客户就会流失，顾客会不高兴地离开，工作会交给其他人选。队友必须能够在紧要关头互相依靠。

我去南非旅行时，想起了我们经常遇到的可靠性法则的例子。我去那里是为了在一个由我创建的非营利组织"装备"所赞助的会议上讲课。我在酒店大堂等着去参加会议时咳个不停，这通常没什么大不了的，但是如果你准备连续讲五六个小时的时候，这可不是什么好的开端。当会议团队和我开始工作时，团队成员埃里克森·穆恩从口袋里掏出一颗利科拉止咳糖（我常用的品牌），递给了我。看到我脸上惊喜的表情时，他简单地说道："我们都为你带着它们，以防万一。"

斯坦利·高尔特曾断言：**"我们不为彼此工作；我们互相合作。"** 这是可靠性的本质——它是队友为共同目标而共同努力的能力和愿望。但这不会自行发生。可靠性不是既定的，只能去争取。只有共同经历过艰难时刻的团队成员，才算发展出可靠性。

可靠性公式

我相信存在一个可靠性的公式。它并不复杂，但影响强大。就是：

性格 + 能力 + 承诺 + 一致性 + 凝聚力 = 可靠性

当每个团队成员在自己和他人身上发现这五种品质时，团队就能获得成功所必需的能力。

1. 性格

在《领导力 21 法则》中，我提到了"根基法则"，即信任是领导力的基础。那条法则实际上是关于性格的。我在书中写到："**性格使信任成为可能。信任使领导成为可能。这就是根基法则。**"

同样，可靠性始于性格，因为它是建立在信任的基础之上，信任是与人交往的基础。如果你不能信任某人，就不能指望他。正如罗伯特·库克所说：**"没有什么可以代性格。你可以买到大脑，但买不到性格。"**

不论何时，如果你想要建立一个团队，就必须从建设团队成员的个性开始。例如，我的朋友卢·霍尔茨在南卡罗来纳大学执教足球。赛季开始时，他向所在球队的球员介绍了 12 条公约，帮助他们理解他试图创造的球队文化。以下就是这份公约：

南加州大学——12 条公约

1. 我们将一起完成我们的工作。我们分享我们的成功，我们从不让任何人独自承担失败。

2. 我们都是成年人。我们要像个成年人那样处理，并期待我们周围的人也能这样做。

3. 我们不会保守秘密。影响所有人的信息将会与所有人分享，我们将迅速而公开地识别虚构与事实。

4. 我们不会对自己或彼此撒谎。我们都不会容忍任何人这样做。我们将相互依赖以寻求真相。

5. 我们将信守诺言。我们会说我们想说的，做我们所说的。我们相信别人同样说到做到。

6. 我们会保持冷静。面对困难时，我们不会惊慌。我们将永远选择卷起袖子大干一场，而不是毫无办法。

7. 我们将发展我们的能力，并以此为荣。我们将把自己的标准设定得比最具挑战性的对手更高，我们将通过取悦自己来取悦我们的粉丝。

8. 我们将把更衣室当成家，把队友当成朋友。我们会花很多时间在一起，培养我们的默契。

9. 我们是无私的，并期待每个人都能展现出同样的品质。我们会毫无期待地互相关心。

10. 我们会互相照顾。我们真的相信我们情同手足。

11. 我们是南加州大学的学生，因此我们将努力毕业。我们为自己的成绩不低于平均水平而感到自豪，并期待我们的队友也这样做。

12. 我们做任何事都不能也不会容忍失败。失败意味着羞愧、尴尬和羞辱。南加州大学没有输掉任何一场比赛的借口。

通读这 12 点之后，你注意到什么了吗？他们中的大多数都涉及性格问题。霍尔茨知道，如果他不在团队的年轻人中打下坚实的性格基础，他就无法在此基础上建立任何有价值的东西。

巴里·吉本斯在《终结犹豫不决》一书中断言：**"写下并出版你想要说的话，但是公司中唯一重要的使命、价值观和道德观是通过所有人的行为中表现出来的。"**

2. 能力

我当了 25 年牧师，所以我非常了解教会，我也见过宗教团体中的人，他们表现得好像品格是唯一重要的东西。我不认为那是真的。正如《圣经》所说的，你所做的也很重要。性格是最重要的，但不是唯一的。

如果你对此有任何疑问，考虑一下下面的假设。如果你因为一种危及生命的疾病而不得不接受手术，你希望遇到一个医术精湛但人品不好的外科医生，或是一个人品很好但是医术很差的外科医生？这样你就能明白了，不是吗？能力很重要。如果这个人要和你同处一个团队，你就需要他既具备能力，也拥有好的性格。

3. 承诺

酒肉朋友并不能带来非常愉快的团队体验。面对困难的时候，你想知道自己可以依靠队友。你不想被打败，不管他们是否会和你在一起。

丹·雷兰是音久集团的副总裁，他和我分享了表9-1。上面列出了不同团队成员的责任感。

表 9-1　不同团队成员的责任感

等级	队员类型	描述
1. 头戴绿色贝雷帽的上校	投入的团队领导者	投身事业。把握全局。为实现目标不惜一切代价
2. 中尉	团队成功者	负责团队精神和文化建设。自我监督，具备效能
3. 候补军官学校毕业生	真正的团队成员	热情洋溢，士气高昂。早出晚归。有待证实的领导者
4. 列兵	正式的团队成员	乐于加入团队并且愿意留下来。尽忠职守。尚无成就
5. 训练营中的新兵	勉强的追随者	愿意工作，但是必须有人先踹他们一脚
6. 逃兵	不是追随者	不干活。应该交给军事法庭

团队的成败取决于队友对彼此和团队的承诺。我的朋友兰迪·沃茨在弗吉尼亚州的一所教堂当牧师。一次我教授可靠性法则之后，他给我递了

一张便条，写道：

几年前，我的一个朋友进入了弗吉尼亚军事学员，那里以艰苦的身体、精神和情感训练而闻名。他告诉我，所有新生都被分成了几个小组，他们的训练项目之一是跑上豪斯山。这座山非常陡峭，这绝对是一个巨大的挑战。爬山的动机是：如果你最后完成，还需要再跑一次。不是你，而是你所在的整个小组！这需要团队成员的集体感。如果你所在小组有人扭伤了脚踝或摔断了腿，其他成员就会带着他！独自一人登上山顶是不够的，团队中的每个人都必须成功。

真正的团队合作需要这种承诺。如果队友走不动了，为了团队，你要背着他们走完剩下的路。

4. 一致性

时不时就会有人向他队友展示一致性的定义。就亚特兰大勇士队而言，我相信那个人就是格雷格·马多。如果你关注棒球，你就可能知道他。马多是一流的投手，他获得的奖项——和统计数字——可以证明这一点。他赢了200多场比赛，包括20世纪90年代的176场，是职业棒球大联盟中获胜次数最多的投手。他是除赛扬和盖洛德·佩里之外，连续在13个赛季中赢得15场或更多比赛的唯一投手。他是棒球历史上唯一一位连续四年(1992-1995年)获得赛扬奖的投手。

在马多取得的所有成就以及值得注意的统计数据中，你知道他最了不起的荣誉是什么吗？他连续10年获得金手套将，是公认的全国联赛的最佳外野手。

许多伟大的投手并不以他们的防守著称。当一个快速球被投手击中，或者当投手在艰难的比赛中不得不照顾内场右侧的一垒时，队里的其他球员常常会屏住呼吸。如果球场上有人可能会犯防守错误，那就是投手，但不是马多。他的防守与投球技能同样出色。具体表现就是在 15 年的职业生涯中，他只出现了 14 次失误（有两个赛季属于无失误防守）。如果想让你的队友对你有信心，让他们知道可以日复一日地依靠你，那就将马多这样的人当作典范。一致性是关键。

5. 凝聚力

队员之间需要发展凝聚力。这不管情况变得多么困难，有了凝聚力就能团结在一起。海豹突击队队员约翰·罗特这样描述凝聚力：

团队凝聚力是每个人都自以为懂的术语之一。事实上，大多数人都不懂。这绝对不是每个人都喜欢对方或气氛友好，这意味着你对团队能在比个人更高的水平上运作而感到自豪。团队并不因为你而发光，你之所以发光是因为你足够优秀因而成了团队的一员。

说到团队，**有句古话：要么齐心协力，要么分道扬镳。**没有凝聚力，人们就不是真正的团队。因为他们没有团结在一起，他们只是为同一组织工作的一群人。

小说家和民权活动家詹姆斯·鲍德温断言：“当我们彼此违背信仰的时候，就会被大海吞没，光芒也将熄灭。”归根结底，无论发生什么，可靠性就是能够信任你的队友。危急关头，你可以求助团队成员。让我们面对现实：除非你有可靠性，否则你做不了任何有价值的事情。关键时刻，队友必须能够互相依靠。

信任破裂

一旦信任破裂，团队的可靠性就会消失不见。父母抛弃子女，配偶不忠，或者孩子无情地欺骗父母，都是对家庭可靠性的侵犯。员工贪污金钱，或者领导者滥用职权，都会损害企业的可靠性。政府官员犯有间谍罪时，这不仅会伤害他的队友，而且失去了整个国家人民的信任。

2001 年初，当联邦调查局特工向俄罗斯和前苏维埃社会主义共和国联盟国家传递高度机密的国家安全信息时，我首先想到的就是可靠性法则。这个人是罗伯特·菲利普·汉森，一名曾在联邦调查局工作的反情报特工。

人们怀疑汉森在 20 多个场合向克格勃 (以及取代克格勃的组织 SVR) 提供了敏感信息。这些信息总计超过 6000 页，包括反情报调查技术、来源、方法和操作。就像 1994 年被判犯有间谍罪的中情局反情报官员奥尔德里奇·艾姆斯一样，人们认为汉森非法传递的信息加速了为美国政府工作的特工的死亡。

没人喜欢叛徒。事实上，在美国，本尼迪克特·阿诺德这个名字仍然与背叛和叛徒联系在一起，尽管他的行为发生在 200 多年前 (很少有人记得阿诺德是一位杰出的军事领导人)，但汉森的案例尤其令人反感的是，背叛者是一位团队成员。这个团队因人们对他们的信任而保持着高标准的行为。联邦调查局将其核心价值观确定为"严格遵守美国宪法；尊重我们保护的所有人的尊严；公平；以及不妥协的个人和机构诚信。"联邦调查局局长路易斯·弗里在谈到汉森时说：

"联邦调查局特工的背信弃义尤其令人憎恶，他不仅发誓要执法，而且特别是要帮助保护我们国家的安全。这种犯罪行为是可以想象的最背信弃义的行为……它也触及了联邦调查局所代表的每一件事的核心——联邦调查局中 28 000 多名诚实和敬业的男女的承诺。他们每天都在努力工作，以赢得美国人民的信任和信心。"

换句话说，队友必须能够在重要的时候互相依靠。罗伯特·汉森打破了使可靠性成为可能的信任。也许要过几十年我们才能知道他对国家造成了多大的损害。这是一个可怕的想法，但这是当有人违反可靠性法则时，有时这就是必须付出的代价。

※

关于团队合作的思考
你能得到的最大的赞美就是被人信任。

成为更好的团队成员

人们常说效仿是一种恭维。关于团队合作，我相信当团队合作真正重要时，你能得到的最高赞扬是队友的信任。

你的队友对你有什么感觉？在第6章中，我们讨论了当关键时刻到来时，催化剂是如何帮助团队提升到更高水平的。你可能是也可能不是那种队员。比赛开始之后，不论你是否是这种队员都没有关系。但是，当队友需要你的时候，你能做好自己的工作吗？你的表现和坚持是否让团队认为你是他们可以信赖的人？你在本章提到的每个领域都做得怎么样？

·你的正直是毋庸置疑的吗？（品格）

·你工作表现出色吗？（能力）

· 你是否致力于团队的成功？（承诺）

· 你每次都可以依靠吗？（一致性）

· 你的行动让团队团结起来了吗？（凝聚力）

如果你在这些领域中的任何一个领域都很薄弱，那就和导师或值得信任的朋友谈谈，听一听他们就如何在该领域发展提出的建议。

成为更好的团队领导者

发展团队成员之间的可靠性和凝聚力并不总是一件容易的事情，这需要时间。如果你有责任领导团队，那就采纳威廉·科恩在《领导者的艺术》中的建议，建立一个所有成员能够相互依靠的团队：

· 培养团队成员的自豪感。

· 说服团队成员相信他们是最好的。

· 尽可能给予认可。

· 鼓励组织格言、名称、象征和口号。

· 通过检查和宣传团队的历史和价值观，创建团队价值。

· 专注于共同的目标。

· 鼓励员工在工作之外一起参加活动。

你接受的这些活动越多，就会发展得越好。

10

代价法则

先付出代价，才能激发团队活力

2000 年 12 月 28 日，美国历史最悠久的零售商之一蒙哥马利·沃德公司宣布将申请破产并永远关门大吉。这一宣布使芝加哥人民感到悲伤，因为沃德已经在那个城市存在了一个多世纪。更可悲的是，如果领导者们在为时已晚之前学会并实践了代价法则，公司的失败本可以避免。

这家零售连锁店的早期历史确实非常引人注目。该公司由艾伦·蒙哥马利·沃德于 1872 年创立。他是一名年轻的推销员，曾为中西部和南部的各种干货商人工作。在远离城市或大城镇的农村地区工作时，他发现许多偏远地区的消费者受当地商人的压榨，这些商人经常向他们收取过高的价格。这让他想到了一个主意。那时，铁路和邮递服务正在改善，如果他直接从制造商那里以现金购买干货，然后通过邮购以现金卖给农村消费者，从而消除欺骗这些消费者的中间人，会怎么样?

第一次的代价

1871 年，沃德从推销员的工作中攒了足够的钱。他购买了一些商品，并打印了一页价目表，打算寄给一群属于一个内部组织的农民。但是在贯彻计划之前，1871 年毁灭性的芝加哥大火摧毁了他的存货和价格表。挫折并没有阻止沃德。他说服两位销售同事加入了他的行列，开始重建他的库存，重印了价格表，这将成为世界上第一份通用商品邮购目录。1872 年，28 岁的沃德创业了。

起初，沃德只是取得了适度的成功。事实上，一年后，两个合伙人临阵退缩，要求退股。沃德付清了他们的钱，然后把他的朋友乔治·索恩作为正式合伙人带进了公司。他们一起努力工作，接受订单并通过铁路运送商品。与此同时，1875 年，沃德和索恩提出了一个新颖的想法。他们决定在目录中加入一项保证，上面写着："保证满意，否则退款。"生意开始兴旺起来。

沃德坚忍不拔，为创业付出两次代价，但是不到 10 年就结出了果实。这家 1872 年以 1600 美元资本起家的公司在 1878 年销售额达到了 30 万美元。九年后，该公司的销售额增至 100 万美元。到了世纪之交，蒙哥马利·沃德公司的目录，也就是后来被称为"许愿书"的目录，增加到了 500 页，每年邮寄给 100 多万人。该公司总部位于芝加哥密歇根大道上的一栋新大楼——纽约市以西最大的摩天大楼。

不愿付出代价

1901 年，蒙哥马利·沃德退休了，打算用生命的最后几年，努力使芝加哥成为一个更好的地方。在新世纪的前 20 年，公司继续蓬勃发展。但是在 20 世纪 10 年代后期，事情开始发生了变化。1886 年，沃德的成功促使另一家总部位于芝加哥的公司成立：西尔斯、罗巴克和公司。它与蒙哥马利·沃德和公司一样，是一家以邮购为基础的公司，为农村客户服务。两家公司开始营业的时候，大多数美国人都生活在农村地区。但是美国正在改变，城市人满为患。1920 年的人口普查表明，美国历史上第一次出现了大多数人口生活在城市中心的情况——因此购物习惯正在改变。

前陆军军需官罗伯特·伍德在 1919 年进入蒙哥马利·沃德，他目睹了零售业的繁荣。他想开始在人们可以亲自购物的城市开店，但是老板不愿意接受这个想法，他们根本不愿意为改变付出代价。

错失良机

伍德知道生意的未来在哪里，于是离开了沃德。1924 年，他在西尔斯担任副总裁。他说服西尔斯的经营者抓住开设零售商店的机会，他们同意第二年在芝加哥开一家商店作为测试。这家店立即获得了成功。两年后，西尔斯开了 27 家商店。到 1929 年，该公司已经开设了 300 多家门店。即使在大萧条时期，西尔斯仍在继续扩张，1931 年，西尔斯零售商店的销售额超过了邮购销售额。伍德成为公司的董事长，一直到 1954 年。西尔斯成了美国最成功的百货连锁店。

蒙哥马利·沃德公司从未真正从早期的错误中恢复过来。它开了一些零售店，但不够积极，不足以超过西尔斯。如果团队没有付出代价，它就无法发挥出它的潜力。沃德一次又一次地不愿付出代价。在萧条时期，该公司囤积现金并停止扩张，而西尔斯则抢占了更多的地盘。第二次世界大战后，当其他商店开始迁往郊区时，沃德没能抓住机会重整旗鼓。每次市场发生变化，公司领导人都没有为赢得市场付出必要的代价。在 20 世纪最后的 25 年里，他们勉力维持。最后，在经营了 128 年后，蒙哥马利·沃德倒闭了。这就是人们违反代价法则时会发生的事情。

价格点

如果一个团队没能发挥其潜力，往往问题不在于能力。这也很少是资源的问题，而几乎总是代价的问题。蒙哥马利·沃德公司拥有大量的资源，并且拥有所需的人才，包括能够推动团队前进的领导者。问题是公司的所有者不愿意走出他们的舒适区，冒险尝试开拓新的领域。

团队未能为实现其潜力付出代价的原因之一就是他们误解了代价法则，他们真的不知道它是如何运作的。请允许我向你介绍四条关于这条法则的真理，这将有助于你正确理解它。

1. 每个人都必须付出代价

艾伦·考克斯在《周一上午直言》中提到：

你必须放弃一些东西才能成为团队的一员。这可能是你分配给自己的一个虚假的角色，比如健谈的男人、沉默的女人、无所不知的人、一无所知的人、手下人才济济的人、管理信息系统等资源的非共享者等。可以肯定的是，你放弃了某些东西，比如某些小特权，但是作为回报，你获得了真实性。更重要的是，团队不会消除个人的适应能力；相反，它赋予个人做出贡献的力量。

从未加入过获胜团队的人往往无法意识到每个团队成员都必须付出代价。我想他们中的一些人认为，如果其他人努力工作，他们可以发挥自己的潜力。但事实从来不是这样的。**如果每个人都不为胜利付出代价，那么每个人都会因失败而付出代价。**

2. 必须随时付出代价

许多人患有我所说的目的地疾病。我在《领导力 21 法则》中描述了这一点：

有些人错误地认为，如果他们能实现一个特定的目标，就不必再成长了。这几乎可以发生在任何事情上：获得学位、得到理想的职位、获得特定的奖励或实现财务目标。

但是有魄力的领导者不能这样想。停止成长的那一天就是他们丧失潜力——以及组织的潜力的那一天。记住雷·克洛克的话："只要你是青涩的，你就在成长。一旦成熟，就会开始腐烂。"

目的地疾病对团队和个人来说都是危险的。它让我们相信，我们可以停止工作，停止奋斗，停止付出代价——但仍能发挥我们的潜力。但是正如美国军事学院前足球教练厄尔·布雷克所说："工作是无可替代的。这是成功的代价。"这个真理永远不会消失。这就是为什么德怀特·戴维·艾森豪威尔总统会说："没有廉价的胜利。"如果你想发挥潜力，就永远不能放弃。

3. 如果团队想要改进、改变或保持胜利，代价也会上涨

正如我在本书的导言中提到的，很少有蝉联桂冠的体育冠军。10 年来，很少有公司能够保持在福布斯杂志的榜首。成为冠军代价很高，但是保持桂冠的成本甚至更高，尽最大的努力去提高甚至更加昂贵。所处的位置越高，就越需要花钱去做哪怕只是很小的改进。世界短跑冠军不是以秒为单位提高成绩，而是以百分之一秒为单位。

没有人能够不付出某种代价就实现他的潜力。如果你想改变职业，就必须接受更多的教育，获得更多的工作经验，或者两者兼而有之。如果你

想跑得更快，就必须通过更加努力和明智的训练来获得回报。如果你想增加投资收益，就投入更多的钱或者冒更大的风险。同样的原则也适用于团队。为了提高、改变或保持胜利，作为一个团队，团队必须付出代价，团队中的个人也必须付出代价。

4. 代价永远不会下降

大多数人不会在山脚下放弃；他们会在半山腰停下来。没有人以失败为目的。问题通常出在错误的信念上，认为成功会突然到来。但是生活很少是这样的。也许蒙哥马利·沃德公司就是这样想的。1919 年，当决策者有机会让沃德成为第一批开连锁店的大公司之一时，他们可能会评估这将花费他们多少时间、金钱、努力和变革。他们认为这个代价太大，所以他们错过了机会。

几年后，西尔斯开始轻而易举地超过沃德，他们的竞争成本甚至变得更高。他们花大价钱进入零售店销售，但仍然落后。代价年复一年地持续上涨，尤其是西尔斯在获得黄金地段上击败了沃德。甚至在 20 世纪 70 年代和 80 年代，沃德为改善状况付出了越来越大的代价，但却越来越落后。它涉足各种利基市场，试图与沃尔玛、塔吉特百货和环城百货竞争，但不断遭到惨败。领导人认为下次代价会更低——但代价却一直在不断上涨。

说到代价法则，我相信真正违反它的只有两种团队：没有意识到成功的代价的团队，以及知道代价却不愿意付出代价的团队。没有人能强迫团队成员存有成功的意愿。每个人都必须在心里决定这个目标是否值得付出代价。但是每个人都应该知道为了一个团队的成功需要付出什么。

团队合作的代价

出于这个原因，我对成为获胜团队一员的需要付出的代价提出了以下看法。要成为团队成员，你和你的队友至少需要具备以下条件：

1. 牺牲

没有牺牲就没有成功。詹姆斯·艾伦观察到，"一事无成的人牺牲很少；想取得更大成就的人牺牲更多。"当你成为团队的一员时，你可能会意识到你不得不放弃一些事情。但是你可以确定，无论你期望为团队付出多少，在某个时候你都不得不付出更多。这是团队合作的本质。团队只有通过团队成员的汗水、鲜血和牺牲才能到达顶峰。

2. 投入时间

团队合作来之不易。它耗费你的时间——这意味着你要用你的生命来为此付出代价。了解别人、与他们建立关系、学习如何与他们一起工作都需要时间。团队合作不能在短时间内发展起来。团队在需要慢慢培养，慢慢成长壮大。

3. 个人发展

只有当你发挥出你的潜力，团队才会发挥出它的潜力。这意味着现在的能力是不够的。领导力专家马克斯·德普雷曾说："如果保持现状，就无法成为我们想要的样子。"不断努力、不断进步的愿望是提高能力的关键，但是渴望团队变得更好也至关重要。这就是为什么加州大学洛杉矶分校的约翰·伍登，一位了不起的领导者，也是有史以来最伟大的大学篮球教练，说过："你知道什么有价值之后学到的东西才重要。"

4. 无私

人们自然会为自己着想。"这对我有什么好处？"这样的问题永远不会远离他们的思想。但是，如果一个团队要发挥其潜力，其队员必须把团队的议程放在自己的议程之前。有些人比其他人更容易看到大局，并意识到如果他们付出更多，就会得到更多。对其他人来说，这更困难——尤其是如果他们已经有了很高的成就。但是杰克逊·布朗的回旋镖理论是正确的：**"当你给世界你最好的东西，世界也会回报你。"**如果你尽你最大的努力去帮助团队，它的回报会比你的付出更多，你们一起会取得比你个人更多的成就。

当然，要成为团队的一员，个人还必须付出其他代价。你可能会列出几个你为加入某个团队而支付的具体费用。关键是人们可以选择置身事外，尝试独自做每件事。或者他们也可以加入到比赛中来。这是独立和相互依赖之间的权衡。团队合作的回报可能很大，但总是有代价的。你总是要放弃一些东西。

大约一个月前，我在亚特兰大教一群商人团队合作 17 条法则。在我分享过代价法则后，维吉尔·贝里走过来给我塞了张纸条，上面写着："约翰，失败的代价比成功的代价高。接受失败的代价是贫困、沮丧、堕落和受压抑的精神。"蒙哥马利·沃德的人非常清楚这一点。如果团队没有付出代价，就无法发挥出它的潜力。

国家代价

　　付出高昂的代价并不总能保证胜利。许多球队付出了巨大的牺牲，却没有达到目标，但有时巨大的牺牲会得到巨大的回报。1777 年冬天，在宾夕法尼亚州福吉谷，新成立的美国革命军及其指挥官乔治·华盛顿就遇到了这种情况。

　　对于华盛顿将军和他的军队来说，1777 年并不是特别成功的一年。那年的 12 月 19 日，在经历了布兰迪温、保利和德国城的战败，又在费城被英国人打败后，华盛顿和 11000 名士兵在福吉谷苦苦支撑。部队士气低落，他们面临着严冬，缺衣少食。

　　那些人可能最想要的是回家去为自由而战，但是如果他们这样做了，代价会很高。从他们所处的位置，可以监视费城豪将军领导下的英国军队。更重要的是，他们在一个可以保卫宾夕法尼亚约克的地方，当首都落入英国手中时，大陆会议已经迁到了那里。如果福吉谷的人不付出代价，政府就会垮台，军队就会解散，革命战争就会失败。

　　情况糟透了。这些人装备不良，供给不足。他们到达后几天，华盛顿写信给大陆会议，称"2898 名男子不适合履行职责，因为他们赤脚或裸体，没有足够的衣服来适应恶劣的天气。"情况太糟糕了，哨兵不得不戴上帽子以防脚上冻伤。到 1778 年 2 月 1 日，只有 5000 人可以还有作战能力。

付出代价

　　令人感到惊奇的是，部队没有放弃。他们承受了严冬的冲击，但他们不仅坚持活了下来，他们还花时间成为更好的士兵。在困在福吉谷之前，他们没有组织，也没有受过训练。为了弥补这一点，华盛顿将军雇用了普鲁士军队前军官冯·斯特本男爵。

首先，冯·斯特本对营地进行了组织，并引入了改良的卫生设施。然后，在他的指导下，一群人变成了一支精锐的士兵队伍，他们反过来帮助训练其他士兵。冯·斯特本还将整个军队的军事演习标准化，这样无论哪个军官指挥，士兵们都可以作为一个团队更好地工作。当军队在 1778 年 6 月开拔的时候，它已经无惧任何一群士兵，甚至是英国人。一些人认为他们是世界上最好的军队。

在与人数远远超过他们的英国军队的战斗中，华盛顿的军队继续赢得胜利。他的士兵参加了约克镇战役，这是一场决定性的战役，扭转了不利于新成立的国家的局面。如今生活在美国的人对他们非常感激，因为他们在 200 多年前付出的代价自由和充满机遇的国家铺平了道路。虽然团队没有付出代价就无法发挥潜力，但付出代价就能获得丰厚的回报，这也是事实。这是代价法则的祝福。

※

关于团队合作的思考
你很少得到比你付出的更多的东西。

成为更好的团队成员

如果你是一个成功者，那么你可能有很多梦想和目标。写下一些你希望在未来一到五年内完成的事情：

1. _____

2. _____

3. _____

4. _____

5. _____

6. _____

7. _____

8. _____

9. _____

10. _____

现在，你愿意放弃其中的哪一个？当你是团队的一员时，你总是需要准备好问自己这个问题。当你的个人目标与团队的更大目标冲突时，你有三个选择：

（1）放下目标（因为团队更重要）。

（2）推迟目标（因为现在不是时候）。

（3）与团队分离（因为这对每个人都更好）。

你无权做的一件事是期望团队为你牺牲集体目标。

成为更好的团队领导者

如果你领导一个团队，那么你必须说服你的队友为了团队的利益而改变。团队成员越有天赋，就越难说服他们把团队放在第一位。

从牺牲开始。向团队展示你是谁……

愿意为团队做出财务牺牲。

为了团队，愿意继续成长。

为了团队的利益，愿意授权他人。

愿意为团队做出艰难的决定。

一旦你建立了为团队潜力付出代价的意愿模型，你就有信誉要求其他人也这样做。当你意识到队友必须为团队做出的牺牲时，向他们展示为什么以及如何去做，然后表扬他们对队友的牺牲。

11

记分板法则

明确自己所处的位置，就能做出调整

在前一章中，你读到了蒙哥马利·沃德公司，这是一家美国企业，因为没有遵守代价法则而陷入困境。几十年来，似乎有另一个美国机构正走向类似的灾难：华特迪士尼制作公司。

咆哮的老鼠

华特·迪士尼和他的兄弟罗伊在20世纪20年代创立了迪士尼公司。他们开始制作无声动画短片，并将公司发展成为世界上最受喜爱和尊敬的娱乐公司之一。他们不断开拓新的领域，制作了第一部有声动画片和第一部彩色动画片。两部动画片都以米老鼠为主角，米老鼠从此成为美国的偶像。《白雪公主》是有史以来的第一部长篇动画电影，是一个极具创新性的想法。在制作过程中，许多人称之为"迪士尼的愚蠢"。1937年上映时，它成为当时最成功的电影（有人说这是有史以来最成功的一次）。

在接下来的20年里，迪士尼公司制作了许多精彩的电影，成为经典。它将业务拓展到电视制作，建立了世界上第一个主题公园。迪士尼这个名

字成了具有创造性的家庭娱乐的同义词。

哭泣的公司

但是 1966 年沃尔特去世后，公司开始走上一条崎岖的道路。迪士尼公司曾经代表创新，但现在它的标志却是模仿——模仿自己过去的成功。1979 年离开迪士尼的唐·布鲁斯评论道："我们觉得我们一遍又一遍地给绘制同样的动画，只是脸部有一点变化。"

监督电影制作的卡·沃克并没有试图向前看并打破常规，而是总是问自己："沃尔特会怎么做？"工作室的人开始开玩笑说："我们在为一个死人工作。"该公司推出了更多没有盈利的老套电影，收入继续缩水。1981年，电影部的收入为 3460 万美元。1982 年，它的收入下降到 1960 万美元。1983 年，公司亏损 3330 万美元。迪士尼股票的价值直线下跌。

在此期间，许多美国公司正在成为恶意收购的受害者，华尔街掠夺者将获得公司的控制权，将其拆成碎片，并出售其零部件，为自己和支持者谋利。由于迪士尼的股票价值下跌，债务也很少，恶意收购的时机已经成熟。

1984 年，迪士尼勉强避免了一次收购，但依然面临另一次收购的威胁，当时董事会终于看清了迪士尼的处境。他们决定，如果公司想要生存下去，就需要彻底的变革，包括在它历史上从未做过的事情——从迪士尼以外的地方引进一个人来管理公司。

重振旗鼓

被选中扭转迪士尼局面的人是董事长兼首席执行官迈克尔·埃斯纳和

总裁兼首席运营官弗兰克·威尔斯。关于他们富有挑战性的任务，埃斯纳评论道：

我们的工作不是创造新的东西，而是带回魔力，给迪士尼穿上更时髦的衣服，扩大它的业务范围，提醒人们为什么他们会喜欢这家公司……一个品牌就是一个活生生的实体，会随着时间的推移而不断丰富或削弱。

艾斯纳说的是他在迪士尼品牌上的工作，但他的评论描述了他和威尔斯振兴整个公司的方法。这涉及多种策略。

一方面，他们将公司名称从华特·迪士尼制作公司改为华特·迪士尼公司，反映了其利益的多样性。他们每周召集所有企业高管和部门负责人共进午餐，以促进凝聚力，并在各部门之间分享想法。他们还雇用了杰弗瑞·卡森伯格等关键领导人来经营他们的电影和电视业务。

得分！

几年后，迪士尼再次成为娱乐业的重要参与者。濒临死亡的电视部门制作了一些热门歌曲，如《黄金女孩》和《家居装修》。电影部过去制作的电影很少，亏了很多钱，但是现在，它制作的电影数量繁多，33 部电影中有 27 部盈利。不久，公司设立了四个电影部门：迪士尼、塔奇斯顿、好莱坞电影公司和米拉麦克斯。1987 年末，迪士尼有史以来第一次成为票房冠军。动画部门再一次通过创作电影来为这个行业定下了基调，比如《小美人鱼》《美女与野兽》《阿拉丁》和《狮子王》。

艾斯纳和威尔斯将公司的努力扩展到新的领域，他们增加了土地开发，并在迪士尼世界建造了许多新酒店。1987 年，他们还首次在商场开设零售店。四年后，迪士尼拥有 125 家店铺，年收入为 3 亿美元。当然，他们通过扩张、创新和与乔治·卢卡斯和史蒂文·斯皮尔伯格等人的战略伙伴关系改善主题公园。1984 年他们接管公司时，公园创造了 2.5 亿美元的收入。1990 年，他们的收入达到 8 亿美元。

2000 年，迪士尼公司的收入为 254 亿美元，净收入为 29 亿美元（是 1984 年的两倍多）。迪士尼不仅扭转了局面，而且已经成为娱乐巨头和世界上最强大的公司之一。在公司苦苦挣扎的许多年里，其团队成员都在审视其历史，怀念已故创始人，以判断该做些什么。他们需要做的是看记分板。当团队知道自己所处的位置时，他们可以做出调整。艾斯纳和威尔斯给公司带来了这种能力，他们理解并实施了记分板法则。

突出记分板

每一个游戏都有自己的规则和对获胜意义的定义。一些团队以得分来衡量他们的成功，其他人则以利润为标准，还有一些人可能会看他们服务的人数。但是不管比赛是什么，总会有一个记分板。**如果团队要实现它的目标，就必须知道自己的位置。**它必须根据记分板来审视自己。

为什么这么重要？因为成功的团队会做出调整，不断改善自己和他们的处境。例如，想想橄榄球队是如何对待比赛的。比赛开始前，团队会花大量时间计划。球员会学习几个小时的比赛视频。他们会花几天的时间来弄清楚他们的对手可能会做什么，并决定获胜的最佳方式，然后提出一个详细的游戏计划。

比赛开始时，计划非常重要，记分板毫无意义。但是随着游戏的进行，计划的意义越来越小，记分板变得越来越重要。为什么？因为比赛在不断变化。你看，计划告诉你想要发生什么。但是记分板告诉我们发生了什么。

为什么是记分板？

没有哪支球队能忽视现实情况并获胜。多年来，迪士尼一直坚持一个过时的计划，而世界和娱乐业却一直在变化。迪士尼团队从来没有认真看过记分板。结果他们一直在输。这就是当你忽视记分板法则时会发生的事情。

对于任何类型的团队来说，记分板在以下方面都至关重要：

1. 记分板对理解至关重要

在体育运动中，运动员、教练和球迷理解记分板十分重要。这就是为什么它在每个体育场、竞技场和球场都如此显眼。**记分板提供了比赛在任何给定时间的快照。**即使你在比赛进行到一半的时候，也可以看看记分板，很好地评估形势。

我经常惊讶于有多少体育界以外的人试图在没有记分板的情况下取得成功。一些家庭在没有预算的情况下运转，但却不知道他们为什么负债。一些小企业主年复一年地运营公司，却没有跟踪销售或创建资产负债表，不去思考为什么他们无法发展业务。一些牧师忙于有价值的活动，但从不停下来衡量他们是否接触到了人们或按照圣经标准布道。

2. 记分板对评估至关重要

我相信个人成长是成功的关键。这就是为什么 20 多年来，我一直在会议和书本讲授有关成长的课程。我教的一个关键原则是：

成长 = 变化

这听起来太简单了，不是吗？但是人们有时忽略了这样一个事实，即他们不能同时保持成长和保持不变。大多数人的处境可以用卢·霍尔茨教练曾经说过的话来概括："我们没有达到我们想要的位置；我们没有到达我们应该到达的地方；但谢天谢地，我们已经不是以前的样子了。"

但是谈到增长，光有变化是不够的。如果你想变得更好，就必须朝着正确的方向改变。只有当你能够评估自己和队友的时候，你才能做到这一点。这是记分板的另一个原因，它会给你不断的反馈。没有记分板的比赛就像没有保龄球瓶的保龄球塞。你可能在努力工作，但你并不真正知道自己在做什么。

3. 记分板对决策至关重要

一旦评估了你的情况，就可以做决定了。橄榄球比赛中，四分卫使用记分板上的信息来决定打什么比赛。棒球比赛中，记分板帮助经理知道何时引进替补投手。篮球比赛中，它可以用来决定是否叫暂停。

迪士尼就是这种情况。首先，艾斯纳观察了这家公司，了解其整体状况。然后评估了各个领域的有效性。直到那时，他才能够就如何让迪士尼重振旗鼓做出明智的决定。

4. 记分板对调整至关重要

你和你的团队的水平越高，达到最佳状态所需调整就越小。但是做出关键的调整是获胜的秘诀，记分板可以帮助你看到哪里需要做出调整。

我手下的一名员工正在使用一个独特的记分板来帮助他进行必要的调整，以便更上一层楼。那个人是音久总裁凯文·斯莫尔。凯文是一个精力充沛、热情高涨的实干家。作为一名年轻的领导者，他也有他需要努力的薄弱环节。为了帮助他做到这一点，他聘请了一位私人教练为他提供建议，帮助他阅读生活中的记分板，并让他对成长负责。这对他很有帮助。凯文正在做的小调整将他带到了另一个层次，并使他更接近实现他已经巨大的潜力。

5. 记分板对获胜至关重要

最后，没有记分板，谁也赢不了。没有记分板，你怎么知道比赛什么时候开始？除非检查记分板，否则你怎么知道时间快用完了？除非你有记分板作为测量工具，否则你怎么知道现在是巡航时间还是危急时刻？如果你的愿望是和一些朋友一起悠闲地开车，那么你就不需要担心任何事情。但是如果你想赢得胜利，那么你和你的团队必须知道你现在的状况！

一些组织认为记分板是"必要的邪恶"。其他人试图忽略这一点——这是他们无法长期做的事情，但在他们的职业中仍然做得很好。一些组织将检查记分板作为他们文化中不可分割的一部分，以至于他们能够不断地识别和抓住导致巨大成功的机会。

高科技世界中的高明接触

易趣当然是这样。我不是技术人员，我没有电脑——我甚至不知道如何使用——因此我没有使用易趣。我第一次是从几位热衷收藏的朋友那里听说它的，他们谈到能够通过网上拍卖找到他们想要的东西。他们似乎玩得很开心，但说实话，我没怎么注意。然后我开始在金融版上看到关于易趣的文章，我读到了关于该公司总裁兼首席执行官梅格·惠特曼的文章。

易趣是一家电子商务公司，专门在网上连接商品的买家和卖家。它是由皮埃尔·奥米迪亚于1995年9月在加州圣何塞的起居室里创建的，目的是帮助人们找到二手的、稀有的或可收藏的物品。这个想法开始流行，并变得十分成功，以至于奥米迪亚很快意识到他已经无法控制公司的发展了。就在那时，他聘请了梅格·惠特曼。她拥有哈佛大学工商管理硕士学位和非常优秀领导力，曾担任孩之宝总经理、FTD总裁兼首席执行官、华特迪士尼公司高级副总裁的。

时代杂志上的一篇文章这样解释了易趣的成功：

作为买卖双方的在线中间人，易趣正在建立一个实体无法触及的帝国。易趣首席执行官梅格·惠特曼说："如果 Buy.com 倒下了，你仍然可以去环城路"……但是如果易趣崩溃了，就没有别的地方可去了。因为易趣的工作是联系人们，而不是卖给他们东西，所以它没有传统的零售成本结构……桑福德伯恩斯坦公司的电子商务分析师法耶·兰德斯说："易趣是唯一真正实现网络承诺的电子零售商。"

易趣真正的天才在于它对记分板法则的掌握。它不断做出调整，因为它知道自己所处的位置，这就是它保持领先的原因。就易趣而言，记分板是其客户——以及潜在客户——的愿望和兴趣。易趣意识到许多人对在互联网上进行货币交易感到不安，因此它将信任、安全和隐私作为公司的标志。易趣知道人们希望获得关于在网站上销售商品的个人具体反馈，因此它创建了一个独特的评级系统，允许用户交换信息。该公司甚至创建了一个特殊的消费者洞察小组来跟踪人们想要什么。

向客户学习

在过去的三年里，易趣已经掌握了关于用户和他们想要什么的一切信息，同时掌握了更大的消费者趋势。该公司已经从一个卖豆豆娃的地方扩展到提供多方面拍卖服务的平台。除了其他服务外，还提供：

· 难以运输的特殊物品的本地交易。

· 覆盖 150 个国家的全球拍卖服务（包括在欧洲的强大业务）

· 产品和服务的企业间交换。

· 汽车拍卖网站。

· 房地产服务。

2000 年，当易趣看到一家名为 Half.com 的新兴公司以固定价格出售二手光盘、书籍、电影和电子游戏而欣欣向荣时，便收购了这家公司，并将其加入自己麾下。

其结果是易趣获得了高度好评和数百项奖项，包括商业周刊年度企业家、电子零售商的年度电子零售商奖，以及福布斯杂志美国 100 家最具活力的公司之一。2000 年，它拥有 2250 万注册用户，控制了 80% 的在线拍卖市场，收入为 4.3 亿美元（比 1999 年增长了 92%）。

当其他以互联网为基础的公司挣扎着生存并寻找最终获利的方法时，易趣似乎准备继续增长——并获胜。为什么？因为易趣团队总是盯着记分板。当团队知道自己所处的位置时，他们可以做出调整。这是记分板的法则。

※

关于团队合作的思考
当你知道该做什么时，你就能完成你知道的事情。

成为更好的团队成员

你所在行业或领域的记分板是什么？你如何衡量你的进步？这是底线

吗？这是你能接触到的人数吗？这是你的卓越水平还是创新水平？你如何记分？

花些时间来确定你的团队是如何得分的。在这里写下标准：

_____

现在想想你应该如何单独衡量自己。你应该记录什么来确保你尽了最大努力？在这里写下标准：

_____

成为更好的团队领导者

如果你领导团队，你的主要职责是检查记分板，并向其成员传达团队的情况。这不一定意味着你必须自己做。但你确实需要确保团队成员不断评估、调整并尽快做出决定。这是获胜的关键。

你已经建立了这样的系统吗？还是通常依赖你的直觉？使用直觉是没问题的——只要你有一些自动防故障的备份来确保你不会让团队失望。

评估你记分板的一致性和有效性。如果没有做好你应该做的，那么创建一个系统来帮助你去完成，或者授权你团队中的领导者来分担责任。

12

板凳法则

伟大的团队都有深度

你听过"胖女人开口唱歌,晚会才结束"这句话,或者尤吉·贝拉的名言"不到最后结束不知胜负"吗?你会惊讶地发现,有时在比赛结束之前人们就已经知晓了胜负——如果你知道板凳法则,就能知道比赛什么时候结束了?

让我给你举个例子。2000年9月的一个星期六,我和几个朋友去看了一场足球赛,他们是音久总裁凯文·斯莫尔、曾经的职业球选手克里斯·戈德,还有我的好女婿史蒂夫·米勒。我们期待着佐治亚理工学院黄夹克队和佛罗里达州塞米诺尔队之间精彩的比赛,塞米诺尔队非常受欢迎。佐治亚大学和佛罗里达大学的所有团队之间都有激烈的竞争,所以团队变得非常活跃。

那天,我们没有失望。两队正在比赛,比分很接近。黄夹克队正在全力以赴。

只是时间问题

但是当第三节接近尾声时,我说:"来吧,伙计们。这一次结束了。"

我有时会提前离开赛场，因为我讨厌被堵在路上。当然，如果一场比赛真的很接近或者可能有一些历史意义（比如棒球中的无击球手），我会坚持到最后。那天，我想离开的愿望让那些家伙感到惊讶，特别是因为比赛已经接近尾声，黄夹克队终于以 15 比 12 领先了。

"你不想看比赛结束吗？"克里斯有点好奇地问道。

"不，这场比赛已经结束了，"我说，"我们去车里吧。"

在回来的路上，我们谈过了。的确，黄夹克队在对阵塞米诺尔队的比赛中一直处于领先地位，尤其是当谈到黄夹克队防守的时候。这不是一个容易的任务，因为塞米诺族有强大的进攻。但是在整个比赛过程中，我注意到当黄夹克队的首发还在比赛中时，塞米诺尔队已经替换了很多替补队员——而且球队的水平没有受到负面影响。正因为如此，我知道黄夹克队的球员被强大的塞米诺尔队替补所累只是时间问题。果然，最终比分是 26 比 21，塞米诺尔队领先。这就是板凳法则的影响。伟大的团队有伟大的深度。

板凳的作用

不难看出训练有素、有能力的后备队员在体育运动中坐板凳的重要性。在职业棒球大联盟中，赢得冠军的球队之所以这样做，不仅仅是因为他们有良好的投球轮换和稳固的防守。他们拥有一支公牛队，拥有强大的球员，他们可以替补或替补出场。在美国职业篮球联赛中，球员和球迷早就认识到替补的影响力，他们谈论的是至关重要的第六人，他为球队的成功做出了重大贡献，但却不是篮球场上的五名首发球员之一。今天的职业棒球教练表示需要两个技术高超的四分卫才能够确保球队赢得比赛。**如果团队想要达到最高水平，光有一个好的首发是远远不够的。**

任何想要超越他人的球队都必须有优秀的替补队员和首发队员。任何领域都是如此，不仅仅是体育界。你也许可以和一些顶尖的人一起做一些很棒的事情，但是如果你希望你的团队长期表现良好，就必须建立你的替补阵容。一个没有替补的伟大团队最终会崩溃。

替补的定义

在体育运动中，很容易定义谁是先发球员，谁是替补队员。但是你如何在其他领域定义它们呢？我想提出以下定义：

首发成员是直接为组织增加价值或直接影响其进程的一线人员。

替补成员是由间接为组织增加价值或支持创业者的人组成的。

一个团队的开创者是最常被关注的人，因此，他们获得了大部分荣誉，而坐在板凳上的人很容易被忽视或忽视。事实上，最有可能低估或诋毁替补贡献的人可能是首发成员。一些关键球员喜欢提醒替补队员他们正"坐在针垫上"。但是任何把替补贡献最小化的首发都是以自我为中心的，低估了一个团队取得成功所需要的东西，并且不理解伟大的团队有很大的深度。

加州大学洛杉矶分校的约翰·伍登是真正理解板凳法则的领导者，他是"韦斯特伍德的巫师"，他的球队赢得了10次全国大学篮球锦标赛。伍德教练重视团队中的每个人以及每个人所做的贡献。没有一个教练能比伍德更好地让他的球队长期保持最高水平。他说："无私是我一直坚持的一个品质。我相信每个篮球队都是一个整体，我没有把我的队员分为首发队员和替补队员。我试图阐明每个人都扮演一个角色，包括教练、助理、教练和经理。"

替补席不可或缺

每个人都有价值，团队中的每一个球员都以某种方式为团队增加了价值。仅仅这些事实就应该足以让团队成员关心替补队员。但是也有更具体的理由来尊重和培养那些不被认为是首发的球员。这里提出了几点：

1. 今天的替补队员可能是明天的明星

以明星身份开始职业生涯的人很少。那些有时发现自己成功的人就像一些儿童演员，短暂的昙花一现之后，永远都无法重温自己早年受到的关注。

大多数成功的人都会经历学徒期或默默无闻期。看看四分卫乔·蒙塔纳，他于2000年入选美国橄榄球联盟名人堂。在被任命为旧金山49人队首发队员之前，他在替补席上待了两年。当他打破纪录并带领球队赢得无数超级碗奖杯时，坐在替补席上的是史蒂夫·杨，另一个顶尖的四分卫。

一些有才华的团队成员很早就因其积极的潜力而得到认可，并被培养成成功的人。其他人默默无闻地工作多年，学习、成长和获得经验。然后，经过10年的努力，他们获得了成功。如今人们喜欢从一份工作换到另一份工作——甚至从一份职业换到另一份职业——好的领导者应该时刻关注新兴人才。永远不要急着把团队中的任何人归类为非成功者。如果得到适当的鼓励、训练和机会，几乎任何有这种愿望的人都有可能在某一天成为一名有效的球员。

2. 一个支持者的成功可以让新手的成功几率倍增

当每个团队成员都完成了最适合他的才能、天赋和经验的角色，并且在这个角色上表现出色时，那么团队就真的很开心了。整个团队的成就让先发者繁荣，先发者的成就让团队繁荣。整个团队真的比各个部分的总和还要伟大。或者用约翰·伍登的话说："明星的主要成分是团队的其他成员。"

你可能见过由不理解这个事实的人领导的团队。例如，他们有百万美元的销售人员，但是他们一半的时间都被文书工作所困扰，而不是打电话给潜在客户。如果组织聘请一个喜欢管理工作的人，不仅销售人员会更快乐、更有效率，而且销售收益还会超过支持人员的成本。

我们在 ISS 遵循这条规则，ISS 是我为教会筹款提供咨询的公司。我们雇佣的顾问的技能和背景真是万里挑一。他们每年都与数百个单独的教会在合作，这也是他们需要发挥优势的地方。然而，每个咨询工作都需要大量的信件、说明书和其他印刷材料。为了实现这一目标，ISS 雇用了一组有才华的支持人员，他们在这项工作中表现出色。当每个人被允许在一个有最恰当的岗位工作时，整个团队都会有出色的发挥。

3. 替补球员比首发球员多

如果你仔细阅读任何成功球队的名单，你会发现首发队员总是比其他队员多。在职业篮球赛中，队里有 12 个人，但只有 5 个人首发。大联盟棒球队开始时有 9 支，但会有 40 名球员。在职业橄榄球比赛中，22 人开始进攻和防守，但是每个队总共允许有 53 名球员（大学队经常有一百多个）。你会发现每个领域都有相似的情况。在娱乐业，演员通常都很出名，但拍电影所需的数百名工作人员却不出名。在牧师职位上，每个人都会在礼拜仪式上认出前面的人，但是需要很多人在幕后工作才能把礼拜召集起来。对于你所认识的任何政治家、企业高管或知名时装设计师来说，都有数百人在幕后默默耕耘，让这个人的工作成为可能。没有人能忽视团队中的大多数人并希望成功。

4. 一个位置正确的替补球员有时会比首发球员更有价值

我想，如果你问大多数人如何将行政助理归类为团队成员，他们会告诉你，他们认为他们是替补队员，因为他们的主要角色是支持。我同意这一点——尽管在某些情况下，行政人员对组织有直接影响。

以我的助手琳达·艾格斯为例。这些年来，琳达在音久做了几乎所有的事情。她一直是公司的簿记员；曾经主持我们的会议；从事营销和产品开发。她是一个非常有才华的人，我认为琳达什么都能干，但是她选择了做我的助手。在那个位置上，她产生了巨大的影响。今天我的公司有200多名员工，我尊重并珍视所有这些。但是如果明天我失去了一切，我只能和五六个人从头开始，琳达将是我会努力留住的人之一。她作为一个支持者的价值使她成为一个首发。

5. 强大的替补席给领导者更多选择

当一个团队没有替补时，领导者唯一的选择就是调动首发队员来最大限度地提高他们的效率。如果一个首发不能上场，这支队伍就倒霉了。当一个团队的替补力量薄弱时，领导者有几个选择，但通常不是很好。**但是当一个团队有一群很棒的替补时，选择几乎是无穷无尽的。**

这就是为什么像塞米诺尔队的教练鲍比·鲍登这样的人能够让佐治亚理工学院筋疲力尽。如果他的一个球员受伤了，他会找人代替他。如果他的对手改变了防守，他会有进攻球员作为后备来克服挑战。不管他面对什么样的情况，有了一个强有力的替补阵容，他有机会让球队获胜。

6. 团队在关键时刻通常需要替补队员

当军队陷入困境时，它会做什么？它调用后备部队。生活的每个领域都是这样。事情进展顺利时，你不需要替补；当事情不顺利的时候你需要它。当先发球员受伤，比赛处于危险中时，替补球员上场。那个人的效率经常决定团队的成功。

如果你的团队正经历一段艰难时期，那么你知道拥有一个好替补的重要性。但是如果你正在经历一个平稳的时期，那么现在是时候发展你的后备球员了。今天就为你明天将面临的危机做好准备。

今天的行动造就明天的团队

当你想到你团队中的首发和替补队员时，要认识到你团队的未来可以通过三件事来预测：

1. 招聘：谁将加入团队？

阿德莱·史蒂文森提出了这样的建议："健全的管理只有三条规则：1、挑选优秀的人；2、告诉他们不要偷工减料；3、并让他们回到极限。挑选好人是最重要的。"没有优秀的球员，你不可能建立一个胜利的团队。

说到招募，实际上只有两种选择：找到适合这个职位的球员，或者找到适合这个球员的职位。在第一种情况下，你有一个空缺的职位，你需要有人来填补这个职位。这是大多数招聘工作的典型方式。但是有时候，即使你没有空缺的职位，你也会发现一个很好的潜在球员，你不能错过让他加入球队的机会。

去年我处于第二种情况。当我发现约翰·赫尔可能有兴趣来音久集团工作时，我并没有给他一个具体的职位。但他是如此有影响力的成员，以至于我把他拉进了公司。几个月后，他成了我创建的非营利组织"装备"

的主席，当时该组织的原主席罗恩·麦克马纳斯希望为我领导另一个部门。如果我没有邀请约翰加入，这个团队可能会错过一个优秀的领导者。

2. 培训：你在发展团队吗？

你不能用今天的解决方案来解决明天的问题。 如果你希望团队在面对新挑战时取得成功，你必须做好准备。这意味着帮助首发队员最大限度地发挥他们的潜力，并训练替补队员在时机成熟时成为首发队员。

如果你有领导力对你的团队负责，就要主动确保团队中的每个人都在成长和进步。

3. 损失：谁将离开团队？

唯一不会失去人的地方是墓地。失去团队成员是不可避免的，但是好消息是你可以选择你失去的成员。如果你留住低效能的人，高效能的人会变得沮丧并离开。如果你剔除那些不增值的人，那么整个团队都会变得更好。这就像修剪树木：如果你不砍伐枯木，最终整棵树都会倒下。但是如果你移除枯木，树会变得更健康，健康的树枝会产生更多，而且树上还有生产新树枝的空间。

描述如何成长和提高团队及其团队的最佳方式就是我所说的旋转门原则。事情是这样的：一个团队总是有得有失。很多人选择加入这个组织，也有很多人选择离开。它未来成功的关键是每次失败都能得到一个更有效率的人。

比方说，你可以用1到10分来评价每个人的效率，10分是最高的。随着旋转门的转动，如果你的团队失去了4分而获得了8分，那么你的未来看起来是光明的。如果你输了8分，赢了4分，那么未来看起来很黯淡。

如果你失去了 4 分，又得到了其他 4 分，那么你的团队就累得筋疲力尽，但毫无进展。

组织的各个阶段及其"旋转门"

任何试图通过改善团队结构来避免发展停滞的团队都会经历变动，而且随着"旋转门"的不停转动，各种类型的人也会不断加入和离开团队。例如，一个新成立的组织刚刚起步时会大力招募新成员。它不会经历员工的流失，反而乐于招纳任何人才。好消息是，随着人们的加入，团队开始成型。但坏消息是，团队成员未必都是优秀人才。

如果团队要求成员为其付出，一些人会选择离开。不过，这是一件好事。这样的要求可以赶走那些不愿付出的人，同时也让那些选择留下并且已经付出的人变得更加坚定。

一旦团队有了一个坚定的核心并开始成长，它就会再次赢得人们的支持。加入团队的人经常被它所吸引，因为他们在现有球员身上看到的被承诺验证的愿景。

表 12—1　团队类型及损益对比

团队类型	损益	损失或收益的性质
新团队	利大于弊	收益并不总是积极的
忠诚的团队	弊大于利	损失是积极的
成长团队	利大于弊	收益是积极的
成功的团队	弊大于利	损失不是积极的
遗产团队	利大于弊	收益是积极的

培养团队的能力并推动其实现成功。

然而，一旦一个团队成功了，一些成员会想离开去尝试找到更大的成功。这是一个团队的关键时刻。如果你能给人们带来有趣的挑战，并与他们分享责任和回报，你也许能说服他们留下来（如果你做不到，你可能得依靠你的后备队员，然后你会发现你做了什么样的替补）。

如果你能在成功的过程中保持增长，并在不断建立自己的团队的同时重复这个过程，那么你就能创建一个遗产团队。这就是通用电气、迪士尼和家得宝这样的组织所做的。他们持续的成长和成功的声誉继续吸引着优秀的人才。

谁是我们的最有价值球员？

充分利用板凳法则的关键是不断改进团队。当你培养出更好的球员时，首先要改进你的先发球员。然后建立你的替补队员联盟。时间会帮你建立一个伟大的团队。这是板凳的法则。

建立一个伟大的团队是一个需要大量工作的过程，组织越大，任务就越艰巨。我敏锐地意识到这一点，因为在过去的三年半里，音久集团已经从不到 50 人发展到 200 多人！当你经历这种爆炸性增长时，你的人力资源人员可能就是你的最有价值球员。

让我告诉你，在我的公司里，最有责任让旋转门朝着正确的方向前进的人是谁。她的名字是史黛西·布坎南。两年半前，她的一个猎头熟人把她介绍到音久集团。当时，我们正在寻找一名高级会计师，史黛西有着广泛的会计背景，为成为一名注册会计师做了很多基础工作。她还在一家国际知名的非营利组织工作了六年，并花了几年时间教书。

大胆移动

　　史黛西全心全意地相信她属于音久集团，她真的很想和我们一起工作。所以她进来采访了我们。但她最不想做的事就是回到会计行业。克里斯汀·约翰逊是音久的一名长期员工，当时她是我们的人力资源经理，她正在采访史黛西。克里斯汀可以看出她是一只"鹰"，不想让她逃走。所以她把史黛西介绍给首席运营官迪克·彼得森。当他们谈话时，他也能看出她是一个很好的对象。最后他问她："你想做什么？"

　　史黛西鼓起勇气回答道："说实话，迪克，我想要克里斯汀的工作：招聘。"

　　克里斯汀觉得那是福音。她尽职尽责地招聘新员工，但她并不真正喜欢——也没有利用她最大的优势。她和迪克很高兴为史黛西创造了一个招聘职位，从而让克里斯汀能够专注于行政和管理。从那以后的 30 个月里，史黛西已经为公司雇用了近 200 名员工——包括首发和替补队员。她做得非常出色。

　　"我知道我会听起来像一个带着六个 P 的传教士，"史黛西说，"但这会让你知道我是如何安置人的。我分析以下几个方面：

　　1. 个性（Personality）：我使用 DISC 测试，这是一种诊断工具，用来表明一个人的个性是驱动、影响、支持还是计算。

　　2. 激情（Passion）：我发现激励他们的因素——结果、关系、金钱、认可、肯定、影响或安全感。

　　3. 模式（Pattern）：我在他们的成功和失败中寻找模式。我知道他们是单独工作还是在团队中工作最好。

　　4. 潜力（Potential）：我试着看看如果给他们正确的方向、动机、指导和领导力。我以此判断他们是维护者还是建设者。

5. **简介（Profile）：** 我衡量他们是否适合我们的文化，他们是否真的适合团队。

6. **位置（Placement）：** 最后，我试着衡量他们适合的地方——哪个团队既能从中受益，又能为他们增加价值。

史黛西在通过招聘来建立我们的团队方面做得很好。现在她已经将自己的角色扩展到培训领域。她在启动音久集团现有的九个辅导小组方面发挥了重要作用。史黛西总结她的工作时说："我的愿望是看到人们演奏他们灵魂深处的音乐。"

如果你想让你的团队尽可能成为最好的，那么你需要集中精力于你正在赢得的人、正在失去的人和正在发展的人。这是建立一个伟大团队的唯一方法，它必须在每一层都是坚固的。永远不要忽视板凳的法律。记住，伟大的团队有伟大的深度。

关于团队合作的思考
更好的球员会让你成为更好的球员。

成为更好的团队成员

你会如何定义自己：替补队员还是首发队员？如果你在替补席位上，那么你的工作是做两件事：帮助首发发光，为自己将来成为首发做准备。你可以通过培养服务和可教的态度，尽你所能去学习和成长来做到这一点。

如果你是首发，那么你应该为了团队的利益尽你最大的努力，你应该尊重替补。你应该承认他们贡献的价值，并帮助他们有一天也能成为首发。如果你还没有在替补席位上指导队友，那就马上开始。

成为更好的团队领导者

如果你领导你的团队，你有责任确保旋转门以这样一种方式移动：加入团队的球员比离开的球员更好。有一种方法可以促进这一点，那就是重视团队中已经有的优秀人员。

每个队有三组队员。在这一章中，我描述了直接给组织增加价值或直接影响其进程的首发，以及间接给组织增加价值或支持首发的替补队员。第三组是我称之为内圈成员的启动器中的核心组。没有这些人，这个团队就会分崩离析。你的工作是确保每个小组都不断发展，这样替补球员就能成为首发队员，首发队员也能成为圈内成员。

如果你不确定谁是你团队中的核心成员，那么试试这个练习：写下你团队中的首发队员的名字。现在确定你最容易摆脱的人。一个接一个地检查那些如果离开会给团队带来最小伤害的人的名字。到了某个时候，你将会和一小群人在一起，如果没有他们，团队将会死亡。那是你的内圈（你甚至可以按照重要性对剩下的人进行排序）。

这是一个提醒你团队成员价值的好练习。顺便说一句，如果你对这些人的待遇与他们的价值不匹配，你就有失去他们、使旋转门对你不利的风险。

13

身份法则

共同价值界定团队

一年中至少有一天，我会试着把我组织里的每个人都召集到一起。在音久的早期，这很容易做到。

早在 1985 年我们创建公司的时候，迪克·彼得森现在是公司的首席运营官，我和他的岳母尔玛依娜（我们唯一的雇员）以及帮助我们的四五名志愿者（其中两人是我们的妻子）一接到通知就可以聚在一起。即使 10 年后，我们仍然是一个相当小的团体，整个公司可以在一个大会议桌旁开会。今天情况不同了。现在我们不得不租一个大厅来容纳我们所有的员工，但我们仍然努力聚在一起。事实上，对我们来说，现在比以往任何时候都更重要。由于我们的规模和业务的多样性，我们团队中的人有相互脱节的倾向。组织中的领导者与每个人保持个人联系变得越来越困难。

定义团队

也许你已经经历了在一个组织中伴随着快速成长的脱节。诚然，我们的员工略多于 200 人，不是一家大公司，但它大到足以经历成长的痛苦。

团队曾经几乎完全是通过关系来定义的，现在它需要更多的东西来维系。这就是身份法则发挥作用的地方：共享的价值观定义了团队。即使一个团队的一些成员没有分享共同的经历或者彼此之间没有私人关系，他们也可以拥有一种超越团队规模的凝聚力。需要的是一个共同的愿景（罗盘法则）和共同的价值观。如果每个人都信奉相同的价值观，团队成员之间以及与更大的团队之间仍然可以有联系。

我们都见过有共同目标但缺乏共同价值观的团队，团队中的每个人对于什么是重要的都有不同的想法，结果是混乱。如果每个人都想按自己的方式做事，团队最终会崩溃。这就是为什么团队成员需要在同一个页面上。**正如个人价值观影响和指导个人的行为一样，组织价值观也影响和指导团队的行为。**

价值的价值

价值观可以帮助团队变得更有联系、更有效。共享的价值观就像……

胶

当困难时刻到来时——他们对每个团队都是如此——价值观将人们团结在一起。比如说，看看婚姻。当一对夫妇感受到爱的激情，一切都进展顺利时，他们很容易在一起。但最终将他们聚集在一起的激情消退了，逆境来了，是什么让那些保持婚姻关系的人在一起？这是他们的价值观。他们的价值观比他们的感受更重要。他们如此珍视他们的婚姻，以至于他们愿意为这段关系而战。如果两个人没有那种进入婚礼的心态，那么他们在一起的机会就非常渺茫。

任何其他团队也是如此。如果玩家不知道他们的价值观是什么，也不实践他们的价值观，他们作为一个整体工作并发挥潜力的机会非常小。

地基

所有团队都需要稳定才能表现出色和成长，价值观为实现这些目标提供了稳定的基础。几乎任何一种关系的发展都是如此。例如，如果你试图与来自另一种文化的人建立关系，你首先要寻找你的共同点。如果你想和新客户达成交易，你就要寻找共同点。团队建设也是如此，你需要有所作为，价值观是最坚实的基础。

尺子

价值观还有助于为团队的绩效设定标准。在企业界，价值观通常用一份使命宣言或一套做生意的指导方针来表达。但有时一家公司的既定价值观和真实价值观不一致。

作者兼管理专家肯·布兰查德强调："许多公司声称他们有一套核心价值观，但他们的意思是列出一系列每个人都会认同的通用商业理念，例如诚信、盈利和回应客户。这些价值观只有在根据人们的实际行为进行进一步定义时才有意义，并按等级排序以揭示优先顺序。"当它们被真正接纳时，它们起到衡量期望和表现的作用。

指南针

你还记得 20 世纪 80 年代的电视节目达拉斯吗？主角是众所周知不诚实的商人尤因。他的生活角色代码可以用他在节目的一集里说的一些话来概括："一旦你放弃了你的道德，剩下的就是小菜一碟。"对一个没有价值观的人来说，任何事情都会发生。

我认为我们生活在一个人们寻找生活标准的时代。当个人接受强大的价值观时，他们拥有一个道德指南针来帮助他们做出决定。组织中的人也是如此。当团队确定并接受一套价值观时，那么在一个月、一年或十年内，无论环境有多大变化或自身面临什么挑战，团队中的人仍然知道它正在朝着正确的方向前进并做出正确的决定。

磁铁

一个团队的价值观会吸引具有相同价值观的人加入团队。想想我们在前面几章中检查过的一些团队。什么样的人被吸引到人类栖息地？希望看到不合格住房被淘汰的人。安然吸引了什么样的人？重视创新和组织灵活性的人。

在21条不可辩驳的法律中领导力磁学法则指出，"你是谁就是你吸引的人。"这条法律对团队和领导者都一样适用。人们吸引其他志同道合的人。

身份

价值观定义了团队，并赋予团队成员、潜在的新成员、客户和公众独特的身份。你所相信的能证明你是谁。

音久集团的价值

当我召集音久集团的所有员工参加我们今年的年会时，我想强调我们的价值观。我想我们的团队成员看到他们每天都在行动，但是我想给每个人一个共同的价值观语言，以帮助确保我们与他们保持一致。为此，我给他们上了一课。

团队价值观的交流是从身份法则开始的。如果没有与团队共享值，则团队无法共享这些值。请允许我向您介绍我与音久集团分享的六个核心价值观，以便您理解我的意思。

1. 每个团队成员的个人成长

我坚信潜力。我每天都努力发展自己，我鼓励我影响范围内的每个人都这样做。人们如何努力开发他们的潜力？他们首先把个人成长放在首位。

个人成长一直是我生活的主题。当我还是个孩子的时候，我父亲曾经付钱给我和我的兄弟姐妹们，让他们读一些能改善我们的书。他还派我们去参加会议。随着年龄的增长，读书、听教学磁带和参加会议对我来说成了常规做法。后来，当我寻找组织成长的关键时，我发现了促进个人成长的另一个原因，因为我发现任何组织成长的方法就是培养该组织中的人。

为了促进我所在组织的个人成长，我们鼓励人们成为指导小组的成员。我们也派人参加我们自己的会议和其他类型的培训。我们提供书籍、磁带和其他个人成长工具。我个人每个月都花时间指导和培养组织的最高领导人。当我们或员工发现这个人会在公司的不同职位或部门发展壮大时，我们鼓励他探索新的可能性并做出改变。你不能一边打压员工的发展，一边期望他们为你的组织发展出力。

2. 为他人增值的优先性

音久集团的存在是为了给人们增加价值。这是我们的首要任务。首先，我们和自己组织中的人一起做这件事。但我们也是为我们的客户和顾客做的。这就是我们开发并向全国和世界各地的组织和个人提供咨询、培训和资源的原因。我们不能给人们增加价值的那一天就是我们关门的那一天。

3. 伙伴关系的力量

我最喜欢的一句话来自特蕾莎修女，她说："你可以做我做不到的事。我能做你做不到的事。

我们可以一起做大事。这是描述伙伴关系的简洁方式。

我花了将近 40 年才意识到我不能做所有的事情。(你可能比我学得更快；多年来，我的高能量、低智商和无尽的乐观战胜了我！)这时我意识到了伙伴关系的力量。多年来，我们的组织越来越了解与他人合作。现在，伙伴关系是我们选择完成使命的方式。

音久集团的首席执行官戴夫·萨瑟兰喜欢提醒每个人："合作始于领导者意识到我们为他增加价值的那一刻，止于他的愿景实现。"

近年来，我们扩大了伙伴关系，包括与其他组织的战略联盟。这些伙伴关系使音久集团能够在海外十几个国家培训成千上万的领导人，并每年向发展中国家的人民赠送数万本书。

我想出了一个首字母缩略词来描述伙伴关系对我来说意味着什么。作为你的搭档，我们保证……

在任何情况下都把你的需求放在第一位。为您的个人增加价值领导力。认识到我们服务于一个共同的目标。

定制我们的服务以满足您的需求。

永远不要把对我们的信任视为理所当然。

在我们做的每件事上都体现卓越。

尊重每个人的独特性。

作为个人和组织，如果我们能记住每一个要素，我们就能成为好伙伴。

4. 培养和发展领导者的实践

一切都起起落落领导力。这就是为什么我在过去的 20 年里一直致力于教学领导力，这也是我花这么多时间寻找和培养领导者的原因。影响一个组织的最大方式是关注领导力发展。只要你愿意，在招募优秀人才，培养他们成为领导者，发展他们的潜力等方面并没有任何限制，你可以尽情发挥。

5. 本组织的适当管理

任何想要继续完成使命的组织都必须学会做好资源的管理者。我们公司有三种主要的方法来做到这一点：管理我们的资产以最大限度地利用它们；战略性地安置我们的员工，使他们能够给予和接受尽可能多的东西；以及把我们自己奉献给有价值的事业。如果我们能做到这三点，那么我们就能最大限度地利用我们所有的资源。

6. 荣耀上帝的目的

音久集团是一个主要由基督徒组成的组织，我们的根是帮助教会和牧师发挥他们的潜力。因为我们的传统和坚定的信念，我们相信我们所做的一切都应该尊重上帝。

毫无疑问，你们组织的价值观将与我们不同。这是应该的。你的价值观应该反映团队中的人和他们的领导者。重要的是，你要经历发现过程，接受团队的价值观。一旦你做到了，你将会更好地理解你的团队，它的使命和它的潜力。永远不要忘记，共享的价值观定义了团队。这就是身份法则。

价值观为我们的团队增加价值

如果你从来没有真正想过你的团队的价值观是如何揭示它的身份和增加它的潜力的，你可以和你的团队共同尝试以下几点：

· 阐明价值观。花些时间思考或召集一群关键团队成员来阐明团队的价值观。然后把它们写在纸上。

· 将价值观与实践相比较，然后观察团队的行动。你需要确保你所认同的价值观与你所生活的价值观相匹配。团队成员所陈述的价值观和行为的一致性增强了团队的活力和效率，但是如果他们不一致，那么团队将会遭受损失。

· 传授价值观。一旦你确定了什么是正确的价值观，你需要教团队中的每个人，清晰地、创造性地、持续地去做。

· 实践价值观。如果不付诸实践，价值观就没有价值。如果你发现队友的行为与团队价值观不匹配，帮助他们做出必要的改变，使自己与团队其他成员保持一致。

· 将价值观制度化。将团队的价值观融入团队的结构中。例如，我的朋友比尔·海贝尔斯，柳树溪社区教会的高级牧师，将"社区"确定为他的教会的核心价值观之一。为了强化这一价值，30%的有关领导力的会议——无论是员工、长者还是董事会——都致力于建立和维护团队成员之间的个人关系。

· 公开赞扬价值观。我所学到的最基本的管理真理是，得到的回报就是得到的。如果你赞扬和尊敬那些代表团队价值观的人，这些价值观就会被团队的其他成员所接受和支持。没有比这更好的强化了。

如果你是你团队的领导者，带你的团队经历这个过程是特别重要的。让他们自己去做，在没有帮助的情况下接受你所知道的最基本的价值观，团队成员会创造一个他们选择的身份。无论好坏，团队中最有影响力的人的价值观将成为团队的价值观。但是，通过实施我概述的每一个步骤，并随着时间的推移不断重复这些步骤，你会发现你组织的文化将开始改变，你的员工将接受您帮助他们找到的新身份。一旦他们建立了一个共同的团队身份，他们将会更好地合作，即使是在组织发展和变化的时候。

没有比家更好的地方了

当我搬到亚特兰大时，我认识了一个组织，尽管它是一家大公司，但它已经发展了自己独特的身份，培养了强烈的团队意识。那个组织是家得宝。

现在，我不是一个自己动手的人。handy 的反义词是什么？把手？手动挑战？不管是什么，那描述了我。还有我的儿子，乔尔·波特。他从来没有遇到过他不喜欢的工具，如果一件事可以修复，他会找到一种方法去做。当他 13 岁的时候，我们让他在车库旁边的一个房间里创建一个工作室。他放入工作台，安装固定装置，并给房间装上电线。我们的一个曾经是承包商的朋友说乔尔在那个小房间里放了足够的电来点亮整栋房子！

我们到达亚特兰大后，乔尔在家得宝找到了一份工作，他再高兴不过了。每天他都会回家告诉我们公司的情况，那天他做了什么以及公司珍视的价值观。

出于好奇，我做了一些自己的研究。我发现这家公司是由伯尼·马库斯和阿瑟·布兰克创建的。他们于 1979 年 6 月在亚特兰大开了第一家店，此前 14 个月，这两个人都被位于美国西部的家庭装修连锁店汉迪·丹解雇了。

多年来，马库斯拥有丰富的零售经验领导力人才，拥有一个全国连锁的大型一站式家居装修商店的愿景。他的想法是以尽可能低的价格和最好的客户服务提供最广泛的产品选择。

建造家得宝

让公司起步需要这两个人继续努力，慢慢拓展业务，开更多的商店，吸引一流的人才。马库斯说："我们挑选和我们价值观一致的人一同工作……这就是为什么我们相信发展这家公司的一个可靠方法是清楚地陈述我们的价值观，并将其灌输给我们的员工。"

拥有正确价值观的正确领导者吸引了正确的人，使公司一鸣惊人。1979 年，他们以四家商店起步。1999 年，家得宝拥有 775 家店铺，16 万名员工，年销售额为 384 亿美元。

价值观确实是家得宝成功的核心。马库斯解释道：

"过去 20 年来，八个价值观一直是我们的基石。尽管这些价值观直到 1995 年才被写下来，但这些价值观——我们经营公司的基础——使我们得以在北美大展拳脚，并将成为我们在国际市场实现宏伟目标的工具……

· 卓越的客户服务。竭尽全力建立客户忠诚度。

· 照顾我们的人民。家得宝成功的最重要原因。

· 培养企业家精神。我们认为我们的组织结构是一个倒金字塔：商店和顾客在顶层，高级管理层在底层。

· 尊重所有人。人才和好人无处不在，我们不能忽视好人的任何来源。

·与同事、客户、供应商和社区建立牢固的关系。

·做正确的事情，而不仅仅是做正确的事情。

·回馈社区是做生意不可分割的一部分。

·股东回报。家得宝的投资者将从他们给我们的钱中获益，以发展我们的业务。"

这些价值观使公司成为工作的好地方。例如，从家得宝开张那天起，该公司就向员工提供股票期权，而不是奖金。这种待遇已经使1000多名员工成为百万富翁！

此后，乔尔·波特辞去了家得宝的工作。他现在在音久集团工作，担任我们工作室的制作经理。但他将永远对家得宝有一颗心。为什么？因为公司有他尊重的身份。它有共同的价值观，这些价值观定义了团队。这就是他们的组织对他的影响，这就是身份法则对你和你的团队的影响。

※

关于团队合作的思考

如果你的价值观和团队的一致，你对团队就变得更有价值。

成为更好的团队成员

如果你想给你的团队增加价值，帮助它发挥潜力，那么你需要分享它的价值。首先，确保你知道它们是什么。然后，对比一下你的价值观和目标。如果你能全心全意地认同团队的价值观，那就承诺与他们保持一致。如果你做不到，那么你的错位将会是你和你的队友不断受挫的原因。你可能要考虑找一个新的团队。

成为更好的团队领导者

作为一个组织的领导者，你需要为团队价值观负责。我建议您按照以下步骤进行：

· 了解团队应该信奉的价值观。
· 践行价值观。
· 向团队传达价值观。
· 通过团队成员一致的行为获得价值观的认同。

记住，这个过程需要时间。让你的团队买账可能特别困难，但是你越是好的领导者，他们就会越快地接受你。他们越快接受你，他们就越快接受你传达的价值观（为了探索这一点领导力概念更深入，阅读买入法领导力）。

14

沟通法则

互动促进行动

1994 年，戈登·比顿接手美国大陆航空公司时，面对的是一个烂摊子。10 年里，公司更换了四位领导，两度进入破产程序，股价跌至每股 3.25 美元。10 年间没有任何盈利。顾客不断流失，即便是依然选择搭乘大陆航空的乘客也对他们的服务极为不满，因为用比顿的话说，大陆航空的飞机"来来去去，十分随性"，根本无法满足商务人士与度假的游客的需要！

难熬的时光

比顿在《从最差到第一：大陆航空公司东山再起》一书中描述了自己走马上任时大陆航空的状态：

1994 年前，大陆航空是全美十大航空公司中表现最差的……例如，交通部统计了十家公司的准点率……大陆航空排名垫底。交通部统计了每千名乘客中出现行李错运的次数，大陆航空的表现最差。交通部还统计了每10 万名乘客中收到的投诉的数量，大陆航空还是倒数第一。而且还不仅是数量最多而已——1994 年，大陆航空公司接到的投诉几乎是行业平均水平的三倍，比排名倒数第二的公司多出 30%，还获得了最糟糕服务的第二名。我们确实被钉死在了该类别的最后一位……我们不仅是最差的大型航空公司，我们在这方面简直是遥遥领先。

如果公司的表现已经如此糟糕，员工难免会受到影响。大陆航空的士气跌至谷底，毫无合作可言，沟通处于历史最低点。员工们屡受公司的彻底欺骗，因此再也不相信公司了。比顿说，他们学会了一种生存策略：逃避。"这就是 1994 年我加入时公司的状态，"比顿评论道，"一家产品糟糕、员工愤怒、工资很低、一直管理不善的公司，我很快了解到，公司已经出现了第三次破产的迹象，这可能会要了我们的命。"

试图扭转团队状态

比顿的目标是挽救大陆航空，但他知道要做到这一点，就必须转变企业文化，转变的关键在于沟通。他知道积极的互动可以扭转公司局面。他相信，如果能打赢沟通这一战，他就能让员工为了团队、客户和股东的利益再次团结在一起。

他采取的第一步是向其他团队成员开放行政办公室。他刚加入大陆航空公司的时候，休斯顿公司高层们占据着办公大楼的第 20 层，那里有如一座堡垒。房门紧锁，到处都是监控摄像。没有具有相应权限的证件，谁也无法进入这个区域，感觉这里一点也不欢迎人来访。比顿为员工敞开大门，实施开放日，打破了领导者和团队其他成员之间的隔阂。

比顿做的第二件事是努力打破多年来逐渐形成的旧官僚作风。在大陆航空，规章制度已经取代了沟通和判断。这种心态主要表现为那本九英寸厚的员工守则，这本手册后来被称为《尔不可为书》。规则过于琐碎详细，甚至规定了员工应该使用什么颜色的铅笔在登机牌上书写。首席执行官比顿和大陆航空总裁格雷格·布伦南做出了一个重要举动，他们将员工召集到停车场，把手册扔进垃圾桶，浇上汽油，当场烧毁！他们清楚地传达出一条信息：大陆航空的一切都将发生改变。

沟通文化

大陆航空的转变并非一夜之间发生的。事实上，比顿和布伦南推行"前进计划"时，员工普遍持怀疑的态度。但公司领导不断与员工会面，诚实面对他们，并且始终保持着耐心。如果传来好消息，他们会与员工分享。如果听到了坏消息，他们也不会瞒着员工。他们在每个办公区都设置了公告栏，张贴着两类信息：（1）根据交通部的评级标准，公司去年的评分；（2）公司的每日新闻。每周他们都会给所有团队成员发送一封语音邮件，还通过每月一期的员工通讯《大陆航空时报》和《大陆航空季刊》进行大量书面沟通。这些期刊会邮寄到每位员工家中。他们在每台咖啡机和饮料机上都安装了 LED 显示屏，滚动播放新闻。他们甚至创建了 800 条热线，供来自全球各地的员工提出问题、获取信息。

一家因缺乏信任与合作而闻名的企业变成了一个沟通无处不在的地方。比顿的沟通策略一直很简单："除了危险或非法信息之外，我们与员工分享一切。"这需要时间，但公司的面貌终于开始好转。员工开始信任领导。他们开始相互合作，彼此信任。十多年来，大陆航空的员工第一次像一个团队那样开始通力合作。

今天，大陆航空的服务已经成为行业标杆。员工士气高昂，公司不断盈利。1994 年，比顿接手大陆航空的那一年，公司亏损 2.04 亿美元。1995年，公司在比顿的带领下盈利 2.02 亿美元。1996 年，盈利翻了一番。截至2001 年 4 月，大陆航空已经连续 24 个季度盈利，而它的许多竞争对手都还在为了保持盈利苦苦挣扎。公司股票已经分割了两次，每股价值已飙升至 1994 年的十余倍。

语言的含义

沟通并不是大陆航空大获成功的唯一原因。但是如果没有良好的沟通，它很可能会面临第三次（也是最后一次）破产。在机构中创造积极的变化需要沟通，互动促进行动。这就是沟通法则的力量。

不论是家庭、公司、部门还是球会，只有通过良好的沟通，团队才能取得成功。**高效团队中的成员会不断沟通。**沟通可以增强承诺和联系，它们反过来又可以促进行动。如果你希望自己的团队可以发挥出最高水平，团队成员就必须相互交谈、彼此倾听。

沟通十分重要

如果无法进行有效的沟通，往往就会出现滑稽可笑的结果。几年前，我看到了下面这则事例，它正好能传达出我想要表达的意思。那是一系列大学校园里的备忘录：

校长告诉学术副校长：下周四，哈雷彗星将在该地区出现。这是 75 年

一遇的盛事。请院系领导通知教授和学生在运动场集合向他们解释这一现象。如果下雨，活动取消，改为在体育馆集合，观看有关彗星的电影。

学术副校长告诉院系领导：根据校长的指示，下周四哈雷彗星将在学校运动场上空出现。如果下雨，课程取消，请教授和学生到体育馆集合，在那里观看电影。这是75年一遇的非凡事件。

院系领导告诉教授：根据校长的安排，下周四哈雷彗星将在体育馆出现。万一运动场下雨，校长将下达另一项指令，这种情况每75年才会发生一次。

教授告诉学生：下周四，校长将携哈雷彗星莅临学校体育馆，这是75年一遇的盛事。如果下雨，校长将取消彗星，令我们去非凡的运动场集合。

学生写信告诉父母：下周四学校运动场下雨时，75岁的非凡校长将取消所有课程，并在比尔·哈雷和彗星的陪同下莅临体育馆。

呆伯特系列漫画的创作者斯科特·亚当斯巧妙地描绘了企业中的每个人都竭尽全力破坏沟通的画面。老板派一名员工耗费一年时间去完成一个已被取消的项目，后来这名员工因浪费了太多时间被降级。营销部门员工不断设计出完全不成熟的产品，并向公众推广；工程师被要求按照不可能实现的时间表将它们生产出来。地位越高的成员就越无知。善于思考的人受到惩罚，懒惰的人获得奖励，每一个决定都很武断。漫画很搞笑，可悲的是，这正是很多美国员工的写照。

如果在你曾经的团队里，成员之间从不彼此沟通项目进展，你就知道糟糕的沟通有多令人沮丧。团队陷入困境，因为没有人知道真正的待办事项到底是什么。重要任务仍然没有完成，团队成员都以为对方正在处理——或者他们在重复别人正在做的工作。组织内出现部门纷争，因为每个部门都觉得对方在蓄意破坏自己的工作。

理查德·韦林斯、威廉·拜汉姆和珍妮·威尔逊在《团队授权》一书中指出："沟通指的是成员之间以及成员和团队外人员之间互动的风格和程度。它还指成员处理冲突、决策和日常互动的方式。"

沟通的另一面

一个可以体现良好沟通的复杂性和重要性的例子就是一支专业橄榄球队在赛前半分钟的表现。一局结束之后，进攻队只有 40 秒时间为下一局做准备。在那段时间，四分卫首先确定球队是否有足够的时间聚集到一起。如果有的话，他会召集团队成员制定战术。如果没有，他就会通知他们，自己会在争球线上用暗号告诉他们战术。

在许多职业比赛中，球队会实现制定好阵形，然后在赛前突然改变以迷惑防守方。如果时间不够，四分卫会告诉球员跳过前面的步骤，直接摆出比赛的阵型。

当 11 名进攻队员接近底线时，每个人都要做两件事：估计防守队员的战术；留意队友的暗示。负责截球的前锋要留意对方派了哪类球员上场，他们处于什么位置。中锋将球传给四分卫，通常负责根据防守队的情况大声通知队友截球战术。

同时，四分卫需要对防守方进行评估。如果认为自己在队员据记载一起时制定的战术会失败，他可能会在争球线上通过几个暗号通知队友改变战术。如果原先制定的战术针对防守方的布阵有效，但是他身后的跑卫的阻拦战术很可能会失败，他就会调整他们的阻拦任务。

四分卫、跑卫和接球员同时观察防守队员，观察他们是否会采取一些不寻常的举动，例如，增派队员跟在四分卫身后试图突然擒抱住他。如果进攻球员发现对方打算采用这一战术，那么接球员和跑卫应默默地转而采用赛前制定的二号方案，并且希望所有队员都能做出同样的判断。

橄榄球是一项极其复杂的运动，漫不经心的观众对于赛前如此之多的沟通毫无察觉，有时这种沟通不易察觉。球员通过暗号相互沟通，他们会借用手势。一名球员伸手一指就能够向另一名队友传达大量信息。有时，四分卫和接球员只要对看一眼，就可以传递足够的信息，帮他们在比赛中进球得分。

团队内部的沟通

你团队中的沟通情况可能与橄榄球场上的情况截然不同，但团队的成功与团队成员合作的能力同样取决于良好的沟通。请让我和你分享一些指导方针，帮助你的团队在这方面有所改进。每个团队都必须学习如何从四个方面发展良好的沟通。

1. 从领导到队友

约翰·加德纳曾说过：**"如果一定要我说出一项万能的领导力工具，那一定就是沟通。"** 也许你很熟悉我所写的有关领导力的书籍，那你一定知道我相信一切皆由领导力决定。我以前没有提到的是领导力由沟通决定。只有进行沟通，才能有效地领导他人。

如果你是团队领导，与队员沟通时请参照一下标准：

·**一致。**没有什么比无法下定决心的领导者更让团队成员沮丧的了。戈登·比顿之所以能够赢得团队，原因之一就是其沟通的一致性。员工一直很清楚，他们可以信赖他以及他所说的话。

·清晰。如果成员不知道你想要什么，就无法执行你的命令。不要试图炫耀你的智慧，用你的直率给人们留下深刻印象。

·谦恭。每个人都应该得到尊重，不管他的职位是高是低，也不管你们之间有怎样的过往。对员工彬彬有礼，能帮你奠定整个组织的基调。

永远不要忘记，因为你是领导者，你的沟通为成员之间的互动定下了基调。团队风格总是能折射出领导者的风格。永远不要忘记，良好的沟通绝对不是单向的，它不应该是自上而下或独裁的。最优秀的领导者会倾听，邀请，然后鼓励大家参与。

2. 从队友到领导

优秀的团队领导从来不需要唯唯诺诺的人，他们希望成员能坦诚、直接地与他们交流。甚至连独断专行的电影大亨萨姆·戈德温也打趣道："我希望我的员工能够大声疾呼，坦诚相待，即使这会让他们失去工作。"

我一直鼓励我团队中的人公开直接地与我交谈。当我们开会的时候，他们通常进行头脑风暴会议，最好的主意会胜出。一般情况下，团队成员的评论或观察确实对团队有帮助。虽然有时我们很难达成一致，但是没关系，因为我们已经发展了足够牢固的关系，小小的冲突不算什么。把所有事都摆到桌面上总是能改善团队。我从来不想听到队友说："我本可以告诉你那是行不通的。"如果你事先知道，那就是说出来的时候了。

除了直接，团队其他成员在与他们的领导沟通时需要表现出的品质是尊重。领导一个团队并不容易，这需要努力工作，这需要个人牺牲。这需要做出艰难的、有时不受欢迎的决定。我们应该尊重承担这一角色的人，并向他表示忠诚。

3. 在队友中

作家查理·布劳尔评论道："除非很多人都希望成功，否则很少有人会成功。"在一个渴望体验成功的团队中，所有团队成员都必须为了共同的利益而沟通。这意味着表现出以下品质：

支持。前NBA球员埃尔文·魔术师约翰逊用约翰·肯尼迪总统的话来总结支持："不要问你的队友能为你做什么。问问你能为你的队友做些什么。"专注给予而不是获得的交流将团队带到了一个全新的水平。

保持最新。重复旧问题并不断揭开旧伤口的队友不会一起工作。如果他们不合作，他们就完蛋了。正如贝比·鲁斯所说："你可能拥有世界上最伟大的一群明星，但是如果他们不一起打球，俱乐部就一文不值。"

易受攻击。团队就像小团体，只有当他们中的人不互相摆好姿势时，他们才会发展。精神病学家M·斯科特·派克在他的书《不同的鼓》中评论道："如果我们要有意义地使用社区这个词，我们必须把它限制在一群已经学会如何诚实地相互交流的人，他们的关系比他们沉着的面具还要深刻。"

团队的成败取决于团队成员之间的沟通方式。小马丁·路德·金宣称："我们必须学会像兄弟一样生活在一起，或者像傻瓜一样一起死去。"如果互动很强，那么团队采取的行动也会很强。互动促进行动，这是沟通法则的精髓。

4. 团队和公众之间

对于大多数团队来说，团队内部的沟通并不是唯一重要的。大多数团队都以某种方式与外界互动，不管这些人是客户、顾客还是相关公众。

当团队外的人接近时，团队成员必须记住三个 Rs；他们需要乐于接受（receptive），有责任感（responsive），现实（realistic）。如果他们从他人那里优雅地接受交流，总是及时地回应，并且对设定和接受期望持现实态度，他们会做得很好。外人会觉得他们的担忧受到了欢迎。

另一方面，当涉及与不在团队中的人交流时，团队能表现出的最重要的品质是团结。团队成员越独立，难度就越大。让老鹰编队飞行并不容易，然而团结的力量令人难以置信。

我住在中西部时听到的一个古老的故事是关于一个乡村集市上的一场赛马。这是一场各种马竞相看谁能拉重量最大的雪橇的比赛。一年，冠军马拉了 4500 磅，亚军获得 4400 英镑。一群人想知道这两匹粗壮的马能拉在一起做什么，于是把它们绑在一起。他们体重超过了 12 000 磅——比他们个人的努力增加了 33%。

团结有巨大的力量。我经常告诉我的团队的一个原则是，当我们头脑风暴和计划时，我希望所有的想法和批评都摆在桌面上，我们需要一个解决问题的机会。但是一旦我们离开房间，我们必须团结一致——即使我们面临反对或批评，我们仍然是一个强大的团队。

当我们谈到团队，你拼写出"我们"，一起工作意味着我们一起获得胜利，但是没有团队能天然实现合作，除非他们沟通。它需要互动来推动行动，这就是它的工作方式，这是沟通的法则。

一起悬挂或分开悬挂

我所遇到的最引人注目的沟通和团队合作的故事发生在被拘留在越南

的美国战俘身上。随着美国越来越多地卷入越南战争，被俘的美国军人数量也在增加。最终有 772 名军人被捕入狱，其中大部分是飞行员。

大多数囚犯被关押在霍尔监狱，他们称之为河内希尔顿。在那里，他们遭受了难以形容的酷刑和不人道的对待。他们当中很多人都身高超过 6 英尺、体重超过 120 磅。但对大多数人来说，最糟糕的是被迫独处。前战俘罗恩·布利斯解释道："你被孤立了。这就是问题的开始。你必须不惜任何代价进行沟通。如果你被抓住并被折磨一会儿，这只是开端，而你还是要这么做。"

河内希尔顿的北越俘获试图通过殴打战俘、折磨他们的灵魂、孤立他们来打败战俘。如果一个人认为自己是一个被遗弃的人，那么他就会放弃希望。杰瑞·德里斯科尔，一名原以为几个月后会被释放的战俘，被一名狱友告知可能要等待两年："当我最终意识到，天哪，那将是很长一段时间……我大吃一惊。这一下子让我大吃一惊。我拿起毯子，把它揉成一团，然后我……痛苦地尖叫着说会有这么长时间。当我结束这两年之后，我觉得，哦，好吧。我能做到。我能做两年。当然，事实证明，那是两年，两年后，两年后，直到我的情况是大约七年。"

囚犯的水龙头

与其他囚犯的沟通和联结成了男人忍受和生存的必要条件。为了使这种交流成为可能，囚犯们设计了一个巧妙的系统。当四名战俘——卡莱尔·哈里斯、菲利普·巴特勒、罗伯特·皮尔和罗伯特·舒梅克——被关在同一个牢房里一段时间后，他们设计了一个可以用来拼写单词的窃听密码。当他们被分开时，他们用它来交流，他们尽可能地把代码教给每个囚犯。几个月之内，几乎所有的囚犯都知道并正在使用这个密码。"这座建筑听起来像一个逃跑啄木鸟的巢穴。"前战俘鲍尔·罗恩·布利斯回忆道。

这些人会轻敲牢房之间的墙壁，或者将一根电线穿过墙壁，然后用密码拉它。他们会有节奏地清扫或铲东西，互相传递信息。他们还开发了手势和其他交流方式。前战俘托马斯·麦克尼斯观察到，"我们通过不同的交流方式多次传递战争与和平的对等物。"

尽管囚犯们彼此分开关押——许多一直"说话"的人直到被释放后才看到其他人的脸——但他们成了一个团队。他们一起工作，他们分享信息，他们互相支持。他们变成了一个如此坚固的单位，以至于他们决定在所有人都获得释放之前，绝不单独接受释放。最早离开的人是海员道格拉斯·赫达尔，他接受释放仅仅是因为他得到了指挥官阿尔·斯塔福德的直接命令。他接到命令有一个原因：赫达尔记住了 256 名狱友的名字，这些人想把这些名字传达给国内当局。

最后在 1973 年 1 月，在巴黎签署了停火协议，规定释放美国战俘。他们于 2 月 12 日开始回家，3 月 29 日，最后一批囚犯离开了河内希尔顿酒店。总共释放了 462 名囚犯。如果他们没有找到——并为之奋斗—— 一种相互交流的方式，这个数字可能会少得多。但是互动促进行动，他们之间的联系增强了他们作为一个团队忍耐和团结的能力。这就是沟通法则的价值。

※

关于团队合作的思考
交流增加了联系。

成为更好的团队成员

你有多致力于与团队的其他成员沟通？你支持每一个人，甚至不是你朋友的人吗？即使不愉快，你是否开放和脆弱？你对队里的任何人都怀恨在心吗？如果你是，你需要净化空气。如果你和另一个团队成员之间的良好沟通有任何障碍，你需要消除它们。那是你的责任。

成为更好的团队领导者

作为一个组织的领导者，你为沟通定下了基调。在这一章中，我提到领导者的沟通必须一致、清晰和礼貌。但是领导者也必须是好的倾听者。当领导者不听的时候……

· 他们不再获得智慧。
· 他们不再"听到"没说的话。
· 团队成员停止沟通。
· 他们的冷漠蔓延到其他地区。

最终，糟糕的倾听会导致敌意、误解和团队凝聚力的崩溃。

给自己一个 360 度的评价，向你的老板或导师、同事和下属寻求关于你倾听技巧的反馈。如果你没有得到所有人的高分，那么安静下来，听好，努力成为一个更好的沟通者。

15

优势法则

领导力决定团队差异

团队始终在寻找自己的优势。我想你一定见识过，为了击败强劲的对手，球队会招募新球员或是制定新战术——甚至是开发出一个全新的体系来扭转失败的局面。企业会投资最新技术，希望以此提高生产率。公司会启用新的广告代理来启动广告宣传，希望能打压主要竞争对手。企业在最新的管理潮流中循环往复，就像拿着遥控器在电视重播节目中来回切换的观众一样。所有人都在寻找通向成功的神奇公式。竞争越是激烈，搜寻就越是没有休止。

成功的关键是什么？天赋？勤奋？科技？还是效率？要想成功，团队必须具备上述所有条件，但这还不够。它还需要领导力。

· 人员决定团队的潜力。

· 愿景决定团队的方向。

· 职业道德决定团队的准备工作。

· 领导力决定团队能否成功。

一切皆由领导力决定。如果拥有优秀的领导，团队就能获得登上最高峰所需的一切要素。

寻找优势

只要看一看已经取得巨大成功的团队，你就会发现它们都拥有强大的领导。 是什么让通用电气赢得了企业界的尊重？是杰克·韦尔奇具备的领导力优势。是什么为美国锁定了海湾战争的胜局？是诺曼·施瓦茨科普将军和科林·鲍威尔将军具备的领导力优势。是什么促使芝加哥公牛队蝉联六届 NBA 总冠军？是菲尔·杰克逊和迈克尔·乔丹的领导力优势。这就是为什么我会说两支人才配置相当的团队之间的区别就是领导力的原因。这就是优势法则。

要想更清晰地了解不同领导力带来的差异，不妨想一想不同领导者带领的同一支球队同一批球员的不同表现。洛杉矶湖人队就是一个典型的例子。20世纪90年代末，尽管拥有包括有望成为下一个迈克尔·乔丹的科比·布莱恩特以及最佳中锋沙奎尔·奥尼尔在内的一批极有天赋的球员，湖人队的表现依旧步履艰难。科比和奥尼尔都是在 1996 年加入球队的，但是他们之间仍然存在很大的问题，始终没有发展出团队成员般的默契。1999 年，队友埃迪·琼斯曾说："球队有些不对劲。我们一直都在努力保持团结，但是对于一支人才济济的球队来说，根本不应该出现这样的情况。"

第二年，球队引进了曾带领芝加哥公牛队六次蝉联冠军的菲尔·杰克逊来执教湖人队。他几乎没有对队员进行调整，因为他知道球队的问题并不是缺少人才。对于三名主力球员奥尼尔、科比和格伦·莱斯，杰克逊是这样评论的：

我觉得队里有三名可能是自贾巴尔、沃西和魔术师约翰逊以来最有天赋的球员。不过，[在 1968-1971 赛季，湖人队中] 贝勒、韦斯特和张伯伦的表现甚至比他们还要抢眼。他们是三个最伟大的得分手，但是他们没能赢得冠军。所以，我们有优秀的球员，我们有出众的表现，我们拥有其他一切——但是如何让所有因素相得益彰呢？作为一名教练，这就是我的专长，努力做到这一点。这支队伍正在学习这一点。

领导力就是了解球员，将他们凝聚在一起，作为一个团队共同发挥潜力。杰克逊展现了这种力量。在短短的一个赛季中，球队就拧成了一股绳。2000 年，湖人对终于赢得了 NBA 总冠军，所有人都认为他们完全有这个潜力。同一座城市，同样的条件，同一批球员，唯一不同的是教练的领导力，这给他们带来了优势。两支人才配置相当的团队之间的区别就是领导力，这就是优势法则。

提升团队实力

有了卓越的领导力，一切都可以得到改善。领导者就像是升降机，他们可以推动团队成员的思想，冲破创造力的旧界限。他可以提高队员的表现，增强他们对自己以及彼此的信心，而且提高所有团队成员的期望。管理者往往能够维持团队现有的水平，但领导者却可以将团队带到前所未有的高度。关键就在于与人合作，发挥出他们的最大潜力。

·领导者将责任转给工作的执行者。团队要想成功，就必须将责任植入团队内部，深入根本。要做到这一点，就需要一位可以在团队内部分配责任和权力的领导者。斯蒂芬·柯维曾说过："离开了权责分工，个人和组织都无法获得很大的发展，因为他们会受到老板能力的限制，反映出个人的优势和劣势。"优秀的领导者很少限制他们的团队，而是会放手。

·领导者可以创造出人人乐意各负其责的环境。不同的人需要不同的动力才能达到其最佳状态，有人需要鼓励，有人需要推力，也有人需要巨大的挑战。优秀的领导者知道如何读懂他人，找到可以激发他们承担其各自责任的关键。他们也记得自己应该对成员负责，而不是替他们负责。

·领导者指导成员获得个人能力的发展。只有当所有团队成员都发挥出自身潜力，团队才能实现它的潜能。有效的领导者可以帮助所有队员做到这一点。例如，菲尔·杰克逊就要求球员注意阅读，让他们不仅能在篮球层面成为知名运动员，也能在个人层面上为人所知。

·领导者具备快速学习能力，同时也鼓励他人快速学习。领导者自己应该先提升自身水平，然后再提升周围其他人的水平。先树立榜样，再施展领导力。如果所有人都在进步，那么团队也在进步。

想要提升团队实力，就要展现出更为出色的领导力。优势法则万无一失。

领导力法则可以影响团队

领导力可以改善团队的表现，使其在许多方面具有优势。而我在《领导力 21 法则》中对这些法则进行了总结。优秀的领导者应该……

1. 不要像其他人那样限制一个组织。（盖子法则）
2. 比其他人更有影响力。（影响力法则）

3. 比其他人更重视成员的发展过程。（过程法则）

4. 为团队征程所做的准备比其他人更周全。（导航法则）

5. 比其他人更有效地沟通。（哈顿法则）

6. 创造动力，将团队带到比其他人更高的水平。（动能法则）

7. 建立在比其他人更牢固的信任的基础上。（根基法则）

8. 比其他人更受尊重。（尊重法则）

9. 比其他人更早着手处理领导力问题。（直觉法则）

10. 比其他人吸引更多的领导者。（吸引力法则）

11. 建立起比其他人更好的人际关系。（亲和力法则）

12. 比其他人更能将能力更强的核心成员聚拢在身边。（核心圈法则）

13. 比其他人培养出更多的领导者。（增值法则）

14. 比其他人赋予团队成员更多的权力。（授权法则）

15. 带领团队获得的胜利比其他人更多。（制胜法则）

16. 比其他人更能推销自己和自己的愿景。（接纳法则）

17. 比其他人更有效地确定优先事项。（聚焦法则）

18. 比其他人更有效地理解和利用时机。（时机法则）

19. 比其他人更能放弃个人安排。（舍得法则）

20. 比其他人更快地培养领导者和组织。（爆炸式倍增法则）

21. 留下的传统比其他人更长久。（传承法则）

优秀的领导者能将事情做得比别人更好一点，结果往往为他带来胜利。这就是优势法则。

反败为胜

领导力是优势法则的关键，但我不想让你以为领导的责任总是落在一个人身上。虽然大多数团队都有一位指定的领导者，承担监督团队的最终责任，但是团队的实际领导责任通常是大家共同承担的。

我发现，提到领导力，许多人往往以下两种方式来看待它。我将第一种称作主桌谬误。这种观念认为，在一个特定的团队中，总有一个人负责处理各种情况。这个人永远占据着组织中的"主桌"，其他人总是听从他的指挥。例如，下面这段话可能就是某个赞同主桌谬误的人的想法：

众所周知，主管除了下面这些事情之外什么也不做……

决定需要完成什么；

告诉某人去做什么；

听取为什么不应该这样做、应该换人去做或是应该换一种方式来完成的原因；

跟进事情是否已经完成，结果发现尚未完成；

询问原因；

听取本该完成这件事的人的借口；

再次跟进，看看事情是否已经完成，结果发现事情做得并不正确；

指出应该怎样做；

得出结论，只要事情已经完成，就不要再去动它；

想知道现在是不是应该解雇某个不称职的员工了；

考虑该员工可能有配偶，还有一大家子人要养，继任者的表现未必会比他好——说不定还要更糟；

想想如果一开始就亲自动手做这件事，事情会不会变得更简单和更顺利；

悲哀地想，本来可以在20分钟内完成的事情，一个人却不得不花两天时间去找出为什么别人花了三周时间还做错了的原因。

认为应该有一个人承担所有领导责任的想法是错误的，同一个人不应该在任何情况下均担任团队的领导。眼前的挑战往往决定了应该由谁来担任领导者，因为团队中的每个人都有可以发挥作用的优势。让我来详细说明这一点。尽管我是音久集团的创始人，但我并不是一直担任领导者的职位。团队中的其他人拥有我不具备的天赋、技巧和能力。公司搬家时还需要转移员工，搬运设备、物资、电脑以及我们的信息和通信系统，这项工作需要复杂的引导和令人难以置信的策划能力。

显然，最适合的团队领导者是弗兰克·哈特曼，他是一位后勤思想家、杰出的策划者和细致的管理者。弗兰克制定了搬家计划，他有权力也有责任管理这个过程——并领导包括首席执行官和其他管理者在内的所有人。他出色地完成了任务。搬迁期间，我们的工作效率一天也没有下降。团队中没有人能像他这样有效地完成任务。我把球传给弗兰克，他成功地带领我们，实现了优势法则。

关于领导力的另一种谬误恰恰与主桌谬误截然相反。我称之为圆桌谬误。这种观点认为，团队之中人人平等，所有人的意见同等重要，团队不需要领导者也能运转。然而这也是错误的，试图像民主国家那样运作的团队永远一事无成。

每个人都很重要，但并非人人都同等重要。对于团队来说，在特定领域内拥有更丰富的经验、技巧和效能的人在该领域内更为重要。通用电气首席执行官杰克·韦尔奇的意见比在流水线上装箱的人更有分量。迈克尔·乔丹比替补后卫身价更高。事情就是如此。但这并不意味着作为一个人，杰克和迈克尔比别人更有价值。上帝给予每个人的爱是平等的，但是说到领导团队，需要有人站出来挑起重任。

占据先机

本质上，对于团队而言，领导力就像是领跑者。领导者比队友们看得更远，也能更快发现情况。他们知道将会发生什么，并且能预见到这一切。因此，他们可以确保团队提前朝着正确的方向前进，这样，团队有机会获胜。如果领先 50 米起跑，即便是一名资质平平的运动员也能在百米赛跑中战胜世界一流的短跑选手。

挑战越大，就越需要领导力提供的众多优势。团队培养的领导者越多，领导力的优势就越大。如果想要赢得胜利并成为常胜之师，就要将队员训练成更优秀的领导者。

赛场上，卓越的领导力带来的优势十分明显，但是领导力的影响可以深入各个领域。顶尖领导者经营的企业往往能率先找准自己的市场利基，超越竞争对手，即便对方拥有更强大的人才。强大领导者带领的非营利组织会招募更多成员，培养他们的领导能力，最终为更多的人服务。即使在工程或建筑等技术领域，领导力在确保团队成功这一方面依然是无价之宝。

良机

优势法则在史上最伟大的工程壮举之一金门大桥的建造过程中发挥了

作用。在 1964 年纽约市的维拉扎诺海峡大桥建成之前，1937 年竣工的金门大桥一直是世界上主跨度最长的悬索桥。如果你去过旧金山，就一定知道金门大桥是多么壮丽，多么令人印象深刻。然而，有关它的建造的故事更加令人佩服。

早在 1872 年就有人提出要在金门——旧金山湾入海口——建造一座跨海大桥，尽管没有人认为这个想法能成真。直到 1916 年，这个想法才被再次提出并受到重视。人们想要造桥的原因很简单：三面环水的地理位置阻碍了旧金山的发展和扩张。城市北面有着大片开阔的土地，但是他们却无法达到那里。尽管马林县仅仅位于海峡以北大约一英里处，但要到达那里需要绕旧金山巨大的海湾迂回行驶一百英里。唯一的替代方案是搭乘渡轮，但是在高峰时段，司机们要排上数小时的队才能搭上渡轮。

似乎建造一座横跨金门海峡的大桥永远难以实现，这个项目在实际操作和技术挑战上面临的困难异常艰巨。入海口有强劲的洋流与肆虐的狂风，某些地方的海峡深度甚至超过了 300 英尺，这使施工变得非常困难。除此之外，为了允许大型船只能顺利通过，所有桥梁都必须足够高。来自全美各地的工程师估计，桥梁的造价将高达 2.5 亿美元（当时，整个旧金山市所有房产的总价值也只有 3.75 亿美元）。

领导者出现

这时，约瑟夫·施特劳斯出现了。他经营的工程公司已经建造了 400 多座桥梁，但是比经验更重要的是他惊人的远见和卓越的领导力。他相信，只要花 2500 万美元就能建成一座横跨金门大桥。1921 年，施特劳斯拟定了初步设计方案，并开始争取旧金山附近的县市领导的支持。他不知疲倦地进行宣传，起初，他的影响力仅限于民间，但是在金门大桥和高速公区团队组建完毕之后，他被任命为拟建项目的总工程师。

如果没有像施特劳斯这样的领导人，这座桥永远也无法建成。12年来，为了这个项目，他克服了所有你能够想象到的障碍和反对意见。当旧金山的政治机构（包括旧金山市的总工程师迈克尔·奥肖内西）持反对意见的时候，他走访了每个县的领导和民众，以此提高来自基层的支持。当陆军工程兵团和陆军部（掌控着海峡两岸的土地）威胁要撤回许可时，施特劳斯专程去了华盛顿，说服陆军部部长，保证了政府的合作。当金门大桥和高速公路区的建设遇到严重的现金流问题时，施特劳斯去见了美国银行的创始人阿玛迪奥·贾尼尼。短短几个小时，他就说服贾尼尼立即拍板购买债券，从而保证项目能够继续进行——并承诺下次债券发行时将购入更多。施特劳斯克服了强大的特殊利益集团、环保主义者以及劳工问题等困境，安然度过了在工程中期爆发的大萧条。他的精力和影响力简直令人震惊。

从善如流的领导者

施特劳斯最大的优点之一就是他能吸引优秀的领导者和工程师。为了成功完成这个项目，他请来了全世界最好的桥梁设计师。当他意识到自己最初的设计考虑不够充分，可能会危及整个项目时，他立刻放弃了它，并依靠团队中的其他领导设计更好的方案。"施特劳斯有一种非同寻常的能力，"作家约翰·范德泽评论道，"他能找到并吸引比自己能力更强的人，让他们愿意接受他的领导。"[1]

施特劳斯是领导者的领导者，无论遇到什么困难，他都能一一处理。他是天生的领导者，懂得如何影响他人。范德泽说："施特劳斯在营销和推广创意方面的能力强于创意构思的能力。他似乎本能地知道该去联系谁、争取谁、说服谁，谁是决策者，谁在什么情况下比较重要。"[2]

终于破土动工

1933 年，大桥终于破土动工了，施特劳斯再次聘请了他能找到的最好的工程师来监督施工过程。这不是一项简单的任务，施工队共投入了 2500万小时。[3] 但是，与动工前的准备工作相比，桥梁的实际建造过程几乎可以算是简单了。桥梁建成时，施特劳斯说，他花了 20 年时间让人们相信建桥是可行的，但实际上只用了四年时间大桥就建成了！而且，他及时完成了这个项目。大桥竣工的次年，他与世长辞，享年 68 岁。

你总能在重大项目的背后找到一个强大的领导者。如果不是约瑟夫·施特劳斯肩负起建造金门大桥的重任——并全心全意地为之付出——大桥就不可能建成。这就是优势法则的现实。如果团队想要发挥潜力，实现目标，就需要一位领导者。这就是为什么我会说人才配置相当的团队之间的区别就是领导力。

---

① 约翰·范德泽《金门大桥设计和建造的真实故事》，第 50 页。
② 同上，第 42 页。
③ 克雷格·多赫蒂，凯瑟琳·多赫蒂，《金门大桥》（康涅狄格州伍德布里奇：黑桦树出版社，1995），第 17 页。

※

关于团队合作的思考
一切皆由领导力决定。

成为更好的团队成员

你未必需要成为团队的领导者或领导者之一。从今天开始提高你的领导力。请做到以下几点：

- ·认可领导力的价值。
- ·为自己的领导力发展负责。
- ·参与一项领导力发展计划。
- ·找到一位领导力导师。

一旦增加了自身的价值，就能提升他人的价值——并对其形成影响——帮助团队发展。

成为更好的团队领导者

如果你是团队的领导者，那么你对团队最大的贡献就是以约瑟夫·施特劳斯为榜样，为团队招揽更多领导者。

你可以通过两种方式做到这一点。首先，将你能吸引到的最好的领导者——比你还要有才华和潜力的人——引入团队。其次，培养现有的团队成员。团队的领导力越强，成功的潜力就越大。永远不要忘记：一切皆由领导力决定。

16

高士气法则

胜者无所畏惧

多数美国人永远不会忘记这一幕：在 1996 年的亚特兰大夏季奥运会上，体操运动员凯里·斯特鲁格由教练贝拉·卡罗里抱着，与六名队友一起站上了领奖台的最高处。这一刻具有里程碑般的意义。美国女子体操队首次摘得金牌，但这并不是人们对此记忆犹新的原因。尽管这一幕被留在人们的心间——身材娇小、体重只有 87 磅的斯特鲁格被身材魁梧的体操教练抱在怀里。但他们之所以对此难以忘怀，主要是因为它是高士气法则的完美写照。

团队历史上的第一次

即使没能像我这样通过电视屏幕看到这一幕，你也可能对此有所耳闻。体操项目一向是俄罗斯和罗马尼亚的天下，但是在亚特兰大奥运会期间，美国队却一路领先。开局时，俄罗斯队表现抢眼，但是第一轮比赛结束之后，美国队就已经跃居榜首。随着比赛的进行，美国队的领先优势不断扩大——虽然领先幅度并不大，但却在稳步将对手甩在身后。比赛进入最后一轮的时候——俄罗斯队的项目是自由体操，而美国队则是跳马——只要美国队不失误，就能摘得金牌。

美国队倒数第二个出场的运动员是表现一向稳定的多米尼克·莫克亚努。然而，出乎所有人意料的是，她的第一跳因臀部落地得分很低。幸运的是，在女子跳马项目中，每位运动员都有两次试跳的机会，取最高分作为其成绩。然而，令人难以置信的是，莫克亚努在第二跳中出现了同样的失误。

尽管莫克亚努的表现出人意料，但美国队并没有陷入绝境。压轴出场的凯里·斯特鲁格在美国国内的奥运选拔中拿到了女子跳马的最高分。只要她顺利完成这一跳，美国队就能拿到金牌。然而，斯特鲁格在第一跳落地时因落地不稳而摔倒，更糟糕的是，她受伤了。然而，她仍需为团队完成最后一跳。

形势令人绝望。事后，一些评论家评论说，凭借斯特鲁格第一跳的成绩，美国队就足以摘取金牌。但当时，俄罗斯体操运动员罗萨利亚·加利耶夫的自由体操比赛并未结束。美国队的教练贝拉·卡罗里担心，万一俄罗斯队获得了高分，美国队就将拱手让出来之不易的胜利果实。

斯特鲁格知道自己应该怎么做，她必须稳稳落地——完成女子团体赛最后一场的最后一跳。"再跳最后一次，"卡罗里鼓励她，"再跳最后一个好成绩。"

并非第一次受伤

每一位达到最高水平的运动员都清楚带伤上场意味着什么，凯里·斯特鲁格也不例外。除了常见的拉伤、扭伤和擦伤之外，过去她还因为从高低杠上摔下来而导致腹部肌肉撕裂、背部严重受伤。卡罗里谈到她时说道：

"她只是一个小女孩，从来都不是最坚强的那一个……总是有点害羞，喜欢躲在别人身后。但有时，这样的人才是最勇敢的人。"

第一跳的成绩公布之后，体操运动员必须在 30 秒内完成第二跳。那一刻，斯特鲁格将所有精力集中在一起。后来她回忆道："我知道自己受伤了。我听见了'咔嚓'声。我不停地告诉自己，不能摔倒，否则金牌就会从身边溜走，所有的努力都会付诸东流。我向上帝祈祷，请求上帝帮帮我。"

痛苦还是收获?

斯特鲁格当时并不知道，第一跳时自己左脚踝的两条韧带已经撕裂了。但是这没关系，她沿着助跑道飞奔，踩上踏板，双手撑马，身体腾空。落地时，她奇迹般地牢牢站在垫子上，随后便感到一股钻心的疼痛。她抬起一只脚，在迅速向裁判员致敬示意之后便摔倒在地板上。她完成了跳马，拿到了分数，整个团队获得了金牌。

从那以后，那个一直躲在人后、默默无闻的女孩，成了奥运明星。似乎所有人都很感激她所做的牺牲。体育记者 E. M. 斯威夫特写道：

除了稳拿金牌之外，她只知道自己伤得很重，无法参加两天后的个人全能赛。四年来，她一直在为这个目标而努力。这一刻，她既感受到了胜利带来的最大的喜悦，也体会到了最深的失望。她凭着坚强的意志在关键的几秒钟内忍住了疼痛，但也为此付出了沉重的代价。毫不夸张地说，她为了美国队牺牲了自己。

斯特鲁格本人的话既简单又直接："如果表现得好，你就会认为这样做是值得的。如果你在做出巨大牺牲之后取得了优异的成绩，这种感觉真的棒极了。"换句话说，胜者无所畏惧。这就是高士气法则。

带领团队走向更高处

你可能会觉得高士气法则这个词听起来有点耳熟，这是因为它的灵感来自于乔·纳马斯。纽约喷气机队的这位四分卫曾帮助队伍赢得了 1969 年超级碗的胜利，与所有冠军一样，他对胜利带来的兴奋感深有体会。这种兴奋感是如此强烈，足以支撑你熬过所有的训练、疼痛与牺牲，直到你登上巅峰。

这就是凯里·斯特鲁格的感受。最后一跳前，她很清楚自己的表现可以帮助美国队获胜。这种认知赋予了她力量，让她能在团队利益高于一切的时候咬牙坚持到底。正是因为如此，20 世纪 70 年代初执教华盛顿红人队的乔治·艾伦才会说："每一次胜利都有如重生；每一场失败都会浇灭你的一簇生命之火。"说起来可能会让人觉得不可思议，但是如果你愿意在比赛中受伤，就可以将球队送上胜利的宝座。一旦获得了胜利，你就将无所畏惧。

高昂的士气有助于团队发挥出其最佳水平，士气是决定团队表现的关键所在。士气高昂的团队不仅只是被动地应对各种环境，而且还能开创属于自己的环境。

- 筹款人知道，在适当的环境下，人们非常乐意捐款。
- 老师们知道，在适当的环境下，学生十分喜爱成长。
- 领导者知道，在适当的环境下，人们极其愿意追随自己。

·教练们知道，在适当的环境下，球员完全有能力拿下比赛。

高昂的士气是为所有团队创造适当的环境，助其发挥出最高水平的必要条件之一。

士气高昂是好事

如果团队赢得了胜利，成员就会士气高涨。如果成员士气高涨，团队就有可能获胜。那么，高昂的士气与胜利究竟孰先孰后呢？我相信往往是先有高昂的士气，随后才能赢得胜利。为什么？因为高昂的士气可以将团队中正在发生的一切积极的事情放大。

高昂的士气是一部高倍放大器

如果整个团队都呈现出积极向上的面貌，所有成员均自我感觉良好，一切都会显得十分美好。准备工作进行得更加顺利，万事顺意。小胜让人甜蜜，大胜更是令你感觉战无不胜。明星队员们在关键时刻不负众望，甚至就连替补队员都能超水平发挥。

有些人将这段时期称作连胜期或走运期，但其实这不过是因为这段时期士气高昂罢了。团队士气高涨的时候，所有人都会变得如同粉丝一般为体育赛事狂热；大企业的员工纷纷购入公司的股票；娱乐圈的杂志和新闻媒体竞相要求进行采访——制片人需要为团队服务支付高昂的费用。难道一夜之间，团队成员就从平庸之辈蜕变成名流才子了吗？团队真的有如这般优秀吗？未必如此。团队正在享受这个放大器的功效。

1. 高昂的士气是一部高速电梯

如果团队士气高昂，成员的表现就将达到一个全新的水平。团队可以将精力集中在它的潜力，而非它所面临的问题上，团队成员将更加投入。所有人都会发觉无私奉献变得更加容易。大家都充满信心，而这种信心有助于他们发挥出更高的水平。

可是团队如果输了，就会出现截然不同的一幕。成员们只关心自己遇到的问题，每个人的投入程度都会下降。团队排斥而非吸引他人，人人都开始留意自己，而不是队友。一旦输了就诸事不顺。

2. 高昂的士气是一剂强效兴奋剂

高昂的士气可以给团队带来活力。成员们就像是精力充沛的兔子，不断前进，没有征服不了的山峰，没有实现不了的项目，没有完成不了的比赛。积聚能量，激发热情，团队将以几乎不可阻挡的势头发展壮大。

3. 高昂的士气是一个高级消除器

高昂的士气可以带来推动力与能量，因而也是高级消除器。即使是最小的问题也会伤害到未获成功、士气低落的团队，但是即使面对巨大的阻碍或是其他不利的挫折，士气高昂的团队也能够继续前进。问题似乎完全消失不见了——不论它们有多么严重。

4. 高昂的士气是一款优秀的释放器

有时，高昂的士气可以帮团队释放压力。胜利可以创造喘息的空间，士气高昂的优秀团队可以利用这个喘息的机会去冒险，去尝试原本不可能出现的新想法、新举措和新概念。它使团队可以停下脚步，提出一些原本不可能会问的问题。这些活动可以带来创造力和创新性。最终，高昂的士气帮助团队释放压力，实现了潜能。

士气发展的四阶段

你可能会说："好吧，我同意。胜者无所畏惧。高昂的士气于团队有益。可是到底怎样才能鼓舞士气呢？"让我来告诉你。如果你属于某个团队，就一定要有一个良好的心态，始终尽自己最大的努力，为其他团队成员（成员与领导者）提供支持。如果你没有什么影响力，那不妨通过模仿卓越之士来发挥你的影响力。

然而，如果你是团队的领导者之一，你肩负着更广泛的责任。你需要树立榜样，但是仅仅这样做还不够。你需要帮助队员们提升士气，积蓄动力，从而创建一支胜利的团队。你可以通过士气发展的四个阶段了解到自己应该怎么做的关键。

第一阶段：士气不足——领导者必须竭尽全力

没有什么比身处一个人心涣散的团队更令人不愉快的事情了。在这种情况下，整个团队往往缺乏热情，无精打采，不抱任何希望。失败的团队往往会呈现出这样的氛围。

如果你处于这种情况，那就请你这样做：

·调查情况。开始处理团队的错误，从弥补不足开始。仅凭这一点还不足以提高士气，但它可以消除导致队员士气低落的理由。

·建立信念。只有当人们开始相信自己的时候，团队才会发生转变。

作为领导者，你必须树立起这种信念，让人们知道你信任自己，也信任他们。

·制造能量。有心无力只会让人沮丧，要想给团队带去更大的能量，你自己首先需要精力充沛。只要你始终干劲十足，团队中总会开始有人陆陆续续地加入你的行列。

·传递希望。现阶段队员最需要的是希望。拿破仑·波拿巴曾经说："领导者是希望的代理人"。领导者可以帮助团队成员们看到团队的潜力。

在第一阶段，打开局面的唯一方法就是亲自实践。作为领导者，你不能坐等别人来实现这一切。

第二阶段：士气低落——领导者必须有所成效

一开始，任何进步都是值得注意的胜利。但是要想提高士气，你就需要加快脚步。你必须有所成效。毕竟，你不可能驾驶一辆没有发动的汽车！先让团队动起来！

·树立高回报行为典范。人们看到什么就会学什么。如果你想让人们学习你希望他们学习的东西，最好的方法就是为他们树立典范。

·与有潜力的人建立联系。如果想让团队朝着正确的方向前进，就需要高效能的队员。这个阶段，团队中可能有一些高效能成员。如果确实有，就请与他们建立良好的关系。如果没有，就去寻找有潜力成为高效能人士的人，再与他们发展联系。不要过早对他们提出太多要求，领导者应该在开口求助之前应该首先触动人心。这就是为什么你应该先从建立关系入手的原因。

·设定几个小目标，向队友们详细解释。没有什么比胜利更能帮助人们提高技能和信心了。这就是你想要为团队成员提供的东西。依然从最有潜力的人开始，他们的小胜利可以帮助资质稍差的成员获得信心和成功。

·传达愿景。我已经在指南针法则中解释过，愿景可以为团队成员指引方向，带来信心。始终让团队成员明确你们的愿景。

一旦真正调动了整个团队，你就可以开始带领他们踏上征途了。

第三阶段：士气适度——领导者必须克服困难

你还记得第一次拿到驾照时的情形吗？也许以前，你喜欢坐在驾驶座上想象驾车时的感觉。后来，当你拿到驾照，终于可以开车的时候，开车本身可能就是一件令人兴奋的事情，目的地并不重要。但是随着年龄的增长，仅仅开车已经不够了，有一个目的地变得重要起来。

管理团队也是如此。组建团队，并且让队员们行动起来的确是一项成就，但是目的地极其重要。从单纯地行动起来到朝着正确的方向前进，你必须克服困难，帮助团队实现改善、发展士气。你需要……

·做出改变，让团队变得更好。你已经学会了链条法则。请记住，领导者有责任将可能由于团队成员的弱点或态度而造成伤害降至最低，并且需要通过将队员安排在适当的位置将所有团队成员的效能增至最大。这些行动往往需要做出艰难的决定。

·获得团队成员的认可。传递愿景是一回事，让队友们接受又是另一回事。然而，要想提高士气，你就必须这样做。队友们必须认同你的领导，接受团队的价值观和使命，并且符合你的期望。如果能够做到所有这些，你就能将团队带向它该去的地方。

·传递承诺。赢得认可的过程包含让人们看见你的承诺。《领导力21法则》中的"接纳法则"指出，人们先接纳领袖，然后才接纳他的愿景。如果你能一直表现出高超的才能、良好的品质和坚定的承诺，就能为吸引人们接纳你打下基础。

·培养成员，助其成功。没有什么比成功更能鼓舞士气了。大多数人无法单凭自己取得成功，他们需要帮助，这也是他们需要领导者的主要原因之一。如果你对队友进行投资，就可以帮助他们以及团队取得成功。

团队生命中最艰难的两个阶段时是第一阶段和第三阶段。第一阶段，你试图推动毫无进展的团队向前走；第三阶段，你必须推动变革。这两个阶段最需要领导力。第三阶段是决定领导者成败的关键时刻，如果能在第三阶段取得成功，就能提升团队的士气。

第四阶段：士气高涨——领导者必须做好小事

在第四阶段，领导者的工作是帮助团队保持高昂的士气和强盛的势头。

·确保团队集中精力，沿着正确的道路前进。高昂的士气可以带来胜利，而胜利又可以保持士气。这就是为什么保持团队成员的专注力是如此重要的原因。如果他们精神涣散或是偏离正轨，就无法继续取得胜利。请记住，失之毫厘，谬以千里。如果你只是打算走到马路对面，方向稍稍出现了一点偏差影响并不大。但是如果你想要抵达大洋彼岸，些许偏差就会带来许多麻烦。

·传递成功。知道自己所做的事情是正确的有助于确保人们不会偏离自己的轨道，你可以通过传递团队的成功来表明这一点。没有什么比赢得胜利并且为之庆祝更能鼓舞士气的了。

·清除影响士气的因素。一旦团队开始朝着正确的方向前进，就不要停下前进的脚步。《领导力21法则》中的"动能法则"指出，动能是领导者最好的朋友。领导者能够发现先机，因此他需要保护团队免受影响。

·允许其他领导人带领团队。培养其他团队成员的领导素养，放手让他们带领团队可以实现两个目标。首先，利用团队已经拥有的势头为团队培养新的领导者。成功团队培养的新领导更容易获得成功。其次，他可以增加团队的领导力，这可以使团队更加成功。如果领导者可以一直这样做，就能够营造成功的良性循环，不断激发出团队的高昂士气。

士气的提高离不开强大的领导力，而且也需要时间。提到鼓舞人心的高手，我不禁想到了罗纳德·里根。1981年里根就任美国总统时，美国国内的士气已经跌至大萧条以来的最低水平。水门事件后，人们不再信任美国政府。与苏联的核战争威胁始终萦绕在人们心头，通货膨胀已经失控，石油价格上涨，存款利率跌至谷底，人们陷入了空前的沮丧之中。

罗纳德·里根帮助人们重建起对于国家的信任。在他的任期内，经济复苏，冷战结束，柏林墙倒塌，人们重拾了对自己以及国家的信任。

内部士气高涨

不是非得拥有总统的权力或是奥运选手的本领才能实践高士气法则。你可以将这条法则应用到你的公司、志愿者服务甚至是你的家庭中。事实上，**一旦高士气法则充分发挥出其效用，领导者就能提高整个团队的士气，而团队也能提升领导者的士气。**原本就应该如此。胜者无所畏惧。

让我给你介绍一个团队。团队成员们不断地相互鼓励，相互打气，因此尽管内心感到痛苦，他们依然保持着高昂的士气，不断取得胜利。他们就是由迪克和里克·霍伊特组成的父子团队。

1962年，当里克·霍伊特呱呱坠地时，他的父母心中充满了初次为人父母时的那种兴奋的期待。但是后来他们发现，里克出生时因脐带绕颈导致大脑缺氧，后来，里克被诊断为脑瘫。"他八个月大的时候，"他的父亲迪克回忆道，"医生让我们放弃——他这一辈子都将成为植物人。"但是里克的父母不愿意这样做。他们决心像对待正常孩子那样抚养他。

艰苦的斗争

有时，这样的生活异常艰难。里克四肢瘫痪，口不能言，因为他无法控制自己的舌头。但是里克的父母与他一同努力，尽他们所能将一切教给他，带他参加所有的家庭活动。10岁那年，里克的生活出现了转机。塔夫茨大学的工程师发明了一种设备，让他可以通过计算机与人沟通。他缓慢而费力地打出的第一句话是："加油，棕熊队。"从那一刻起，一直在北美职业冰球联赛季后赛中关注波士顿棕熊队表现的家人们才发觉，里克原来是个体育迷。

1975年，经过长期的努力争取之后，里克的家人终于能够把他送进了公立学校。尽管身体活动能力有限，但是他学业优异。里克的世界正在发生改变，两年后甚至出现了更大的变化。当里克发现人们正在举办一场5000米慈善长跑，为一名在事故中瘫痪的年轻运动员筹款时，他告诉父亲他想参加。

迪克是美国空军国民警卫队的中校（当时业已退休）。他已年近40，身材走样，但是他答应推着坐在经过改装的轮椅上的儿子参加赛跑。迪克回忆道，当他们（倒数第二个）越过终点线时，里克的脸上闪现出"你有生以来见过的最灿烂的笑容"。比赛结束后，里克写下了这几个字："爸爸，我觉得自己并不残疾。"从那天起，他们的生活再也不会像从前那样了。

共同努力

当从未离开过轮椅的儿子说他喜欢赛跑时，父亲会怎么做？他成了儿子的手和脚。那一天，"霍伊特团队"诞生了。迪克为里克准备了一辆更为复杂的赛跑轮椅。随后，四肢瘫痪的少年与身材走样的爸爸便开始一起跑步——不只是偶尔跑跑而已。不久，他们便开始认真训练。1981年，他们第一次一同参加了波士顿马拉松赛。从那以后，他们连续20年参加波士顿马拉松。

跑了四年马拉松后，两人觉得他们已经为另一项挑战做好了准备：结合了游泳、自行车和跑步的铁人三项。这可不是一项简单的挑战，特别是迪克必须学会游泳！但是他做到了。迪克解释道："是里克给了我动力。因为如果不是为了他，我就不会去参加比赛。现在，我只是把我的胳膊和腿借给了里克，这样他就可以像其他人那样参加比赛了。"

世上所有的比赛中，夏威夷铁人三项被认为是最难的比赛。选手必须连续完成2.4英里游泳、112英里自行车骑行并跑完26.2英里的马拉松全程。对任何人来说，这项比赛都是对耐力的严酷考验。1989年，迪克和里克一同参加了比赛。参加游泳比赛时，里克躺在一艘小船里，迪克拖着小船游泳。然后他骑了112英里，里克就坐在安装在车把上的座椅上。抵达马拉松跑道时，迪克已经筋疲力尽了。

但正是在这种情况下，高士气法则开始奏效。迪克只需要回忆儿子说过的话就可以了：

跑步的时候，我不再感觉自己是一个残疾人。这是唯一让我真正感到平等的时刻。感谢所有给我正面反馈的人，我一点也不觉得自己有何缺陷。相反，我觉得自己是一个没有任何限制、头脑聪明的人。

胜者无所畏惧。只要能坚持跑下去，迪克就能为儿子赢得胜利，所有的训练和痛苦都是值得的。迪克让里克坐在竞赛轮椅上，一起完成最后一个项目。两人在 13 小时 43 分多一点的时间内完成了比赛——相当不错的成绩。

后来，里克大学毕业后进入波士顿大学工作，协助设计针对残疾人的计算机系统。当然，他仍与他年过六旬的父亲一起参加比赛。截至 2001 年 3 月，霍伊特二人组已经完成了 731 场比赛。他们跑了 53 场马拉松，参加了 135 场铁人三项，其中包括 4 场超级铁人的比赛。他们还会继续跑下去。迪克说："世上没有什么是我们无法一起征服的。"近 25 年来，他和队友一直在享受高士气法则带来的回报。

※

关于团队合作的思考
表现好，感觉就好——感觉好，表现自然就好。

成为更好的团队成员

想要享受高士气法则带来的回报，就不能等到士气高涨的那一刻才开始表现。你要通过行动来感受，而不是通过感受来行动为正在经历不败赛季的人展现出恰当的优秀水平开始。你的奉献和热情将有助于你做出良好表现——并激励一些队友。

成为更好的团队领导者

如果你是你团队的领导者，那就要弄清楚团队目前士气如何：

· 士气不足：团队毫无进展、态度消极。

· 士气低落：团队取得了一些进展，但是凝聚力和自信不足。

· 士气适中：团队取得了一些胜利，并且建立了信心，但还需一些艰难的决定才能更上一层楼。

· 士气高涨：团队的表现接近其潜力，并取得了胜利，只需要保持正轨上即可。

一旦你确定了团队所处的阶段，就可以将本章提出的指导方针付诸实践，这样就可以带领团队（或是你管辖范围内的团队）带入下一个阶段。

17

股利法则

投资团队可以产生复利

他是体坛最伟大的团队建设者之一，可你也许从未听说过他的名字。他实现了下列令人印象深刻的成就：

- 连续参加 40 个赛季的篮球比赛，至少赢得了 20 个赛季的胜利
- 获得五次全国联赛冠军
- 在过去的 33 年中，有 20 年位居其所在地区榜首
- 平均胜率为 87%

他叫摩根·伍登。为什么大多数人从未听说过他的名字？因为他是一名高中篮球教练！

如果被问及有史以来最伟大的篮球教练，大多数人会想到这两个名字："红衣主教"奥尔巴赫或是约翰·伍登。但是你知道人称"韦斯特伍德巫师"的加州大学洛杉矶分校教练约翰·伍登是怎样评价摩根·伍登的吗？他强调说："人们都说摩根·伍登是全美最好的高中篮球教练，但是我不赞同。无论是高中、大学还是职业球队，我都未曾见过比他更优秀的教练。我已

经在别处说过，在这里我依然要说：我敬畏他。"

约翰·伍登的评价相当有分量。他曾带领球队 10 次在美国大学生篮球联赛（NCAA）中夺魁，并执教了包括卡里姆·阿布杜尔·贾巴尔等在内一批最有天赋的球员（顺便提一句，卡里姆在电力纪念学院读高中的时候，他所在的球队只输过一场比赛——对手就是摩根·伍登执教的球队）。

从未打算成为团队建设者

摩根·伍登从未打算成为一名篮球教练。高中时，他是一名不错的运动员，但也没有什么过人之处。然而，他的口才很棒，他的抱负是成为一名律师。但是在他 19 岁那年，一位朋友哄骗还在上大学的他接受了孤儿院棒球教练的工作。当时，他对棒球几乎一无所知。球队既没有制服，也没有装备。尽管他拼劲了全力，还是 16 场比赛全输了。

伍登在第一个赛季就爱上了这些孩子，当他们请他回来执教足球队时，他根本无法拒绝。伍登在高中时他踢过足球，因此对这项运动有所了解。孤儿院足球队所向披靡，一举夺下华盛顿特区天主教青年组织联赛冠军。不过，更重要的是，伍登开始意识到，他更愿意把时间花在孩子身上而不是法庭案件中。

在孤儿院执教的第一年，他就已经改变了这些孩子的生活。其中的一个男孩给伍登留下了尤为深刻的印象，他经常干些小偷小摸的事情，屡屡被警察送回孤儿院。伍登说这个男孩"眼看就要三振出局了。"他让男孩明白自己迟早会惹上麻烦，但他同时也将这个男孩置于自己的庇护之下。伍登回忆道：

我开始花时间陪在他身边。我把他带回家，他很喜欢我妈妈烧的菜。他和我们一起过周末，他和我的兄弟姐妹成了朋友。他现在依然在华盛顿，而且表现优异，很多人都知道他。人人都会自豪地说他是自己的儿子。然而，如果不是有人给了他父母能给予子女最好的礼物——他们的时间，他也许早已因为踏上了犯罪的道路而锒铛入狱，甚至有可能更糟。

从那以后，伍登每年都会将自己奉献给球队中的孩子们。NCAA 教练马蒂·弗莱彻曾是伍登手下的球员和助手，他是这样总结伍登的天赋："他的秘诀就是，他能让身边的所有人都觉得自己是世界上最重要的人。"

建立王朝

没过多久，伍登就受邀在当地的一所电力高中担任助理教练。随后，凭借这些年的经验，他成了德麦莎天主高中的主教练。

1956 年，伍登走马上任，接手了几支战绩糟糕的球队。他将所有想加入校队的学生召集在一起，告诉他们：

伙计们，情况正在发生转变。我知道在过去的几年里，德麦莎的表现十分糟糕，但这一切都结束了。德麦莎会赢得胜利，建立胜利的传统。就从现在开始……让我来告诉你们应该怎样做。我们要比所有对手都努力……只要我们努力工作、坚守纪律、甘于奉献，人们就能听到我们的名字并且尊重我们，因为德麦莎会成为胜者。①

那一年，球队在半数的比赛中获得了胜利，这是一项相当了不起的成就，他们还赢得了地区篮球赛与棒球赛的冠军。从那以后，他的球队一直在赢球。德麦莎天主高中早已建立起属于自己的王朝。

2000 年 10 月 13 日，伍登选入马萨诸塞州斯普林菲尔德的奈史密斯篮球名人堂。当时，他所带领的球队已经创造了 1210 胜、183 负的记录。多年来，他执教的球员中有 250 多人获得了大学奖学金，而他率领的高中球队中更有 12 名队员进了 NBA。②

无关篮球

但是，最令伍登激动的并不是胜利或是荣誉，而是对于孩子的投资。伍登说：

不论哪个级别的教练，偶尔都会忘记自己的目标，尤其是在取得胜利之后。他们开始本末倒置，越来越努力地利用这些男孩或女孩来发展球队，逐渐淡忘了他们真正的目的应该是通过球队促进这些孩子的发展。③

伍登的态度使得球队和队员都能从中受益。例如，26 年来，伍登队里

---

① 摩根·伍登，比尔·吉尔伯特，《从孤儿到冠军：德玛塔的摩根·伍登的故事》（纽约：雅典出版社，1979），第 24-25 页。
② 威廉·普卢默，"伍登之路"《人物》，2000 年 11 月 20 日，第 166 页。
③ 伍顿，吉尔伯特，《从孤儿到冠军》，第 12-13 页。

的所有高年级球员都拿到了大学奖学金——不仅是首发队员，替补队员亦是如此。宾夕法尼亚州助理教练查克·斯文森表示："即使明知某个孩子并不是特别优秀的球员，只要他是德麦莎的球员，伍登就会帮助他申请奖学金。伍登送来的孩子素质都很高，你知道他能取得好成绩，并且努力。"马里兰大学主教练加里·威廉姆斯非常赞同人们对这些球员的素质的评价："他的球员非常棒，他们很少出错，和其他没有受过良好训练的孩子们比起来，几乎没有什么需要改善的地方……他们不是未经雕琢的璞玉，而是经过精雕细琢的美玉。"值得注意的是，令这些教练交口称赞的人是高中生，而不是大学生或职业球员。

随着时间的推移，对团队所做的投资可以产生复利。摩根·伍登之所以投资于他的球员，是因为这样做是正确的，因为他关心他们。他的球员们因此表现优异，他的球队因此战无不胜，他的职业生涯也因此不同凡响。他是首位赢得1200场比赛胜利的篮球教练。促进队员个人的发展可以为你带来各方面的回报，这就是股利法则。

伟大的投资者

你已经在本书中读到了许多致力于在团队成员身上投资的人的故事，这些投资带来了各种丰厚的红利。戈登·比顿对于信任的投资挽救了大陆航空公司，保住了14 000名员工的饭碗。伯尼·马库斯和阿瑟·布兰克的投资则是在家得宝推行员工持股计划，1000人因此成了百万富翁。杰夫·斯奇林在安然公司的投资为公司领导层带来了新的产业计划。莉莉·塔奇科夫对人类的投资促进了癌症研究。**通常，为培养团队成员所花的时间、金钱和努力无法在一夜之间改变整个团队，但是付出总有回报。**随着时间的推移，对团队所做的投资可以产生复利。

如何投资你的团队

我相信，大多数人都已经认识到，投资团队有利于所有团队成员。但是大多数人面临的问题不是为什么要这么做，而是如何去做。请允许我与你分享投资团队的 10 个步骤。无论你是球员还是教练，雇员还是雇主，追随者还是领导者，都可以实施这些步骤。团队中总有人能从你的投资中受益，一旦所有团队成员都开始投资，收益就会像复利那样，成倍增长。

请按照下列步骤开始：

1. 决定组建团队——迈出投资团队的第一步

俗话说，千里之行积于跬步。**认定团队成员值得获得发展是创建更优秀的团队的第一步。**这需要你全身心投入。

2. 尽可能组建最佳团队——提升团队潜力

之前我已经说过，团队成员越优秀，潜力就越大。你所处的团队中，只有一种不应向外寻找最佳成员，那就是家庭。你需要与家人同甘共苦。但是所有其他团队都会因为招募到最优秀的人才而受益。

3. 为发展团队付出代价——确保团队获得成长

当摩根·伍登决定尽力帮助那个差点三振出局的孩子时，他和他的家人必须为此付出。这并不很方便，也不完全令人感到舒服。这会耗费他们的精力、金钱和时间。

要想发展你的团队，你就必须付出代价。你必须将原本用于取得个人成就的时间投入其中，你必须把原本用于获取个人利益的金钱投入其中，甚至你将必须放弃你的个人安排。但是，只要个人和团队能够获益，你的付出就是值得的。你所付出的一切都是投资。

4. 团队成员共同行事——为团队创建营造集体氛围

我曾经读到过这样一句话：“**即便是在人生的赛场上，你也会记得团队合作的感觉。**你会忘记那些比赛、投篮和得分，但你永远不会忘记你的队友。”这句话描述了并肩作战的团队成员之间逐渐形成的集体感。

在团队成员间培养集体感与凝聚力的唯一方法就是在职场上与生活中都将他们聚集在一起。与团队成员建立联系并且促使他们彼此联系的方法有很多。许多家庭发现，露营是一个不错的选择。同事则可以在下班之后（以适当的方式）参与社交活动。时间与地点不如团队成员分享共同经验这个事实重要。

5. 赋予团队成员责任和权力——培养团队领导者

人生最大的成长往往是个人反复经历试错的结果。如果希望团队成员能更上一层楼——提升领导力水平——就赋予他们权力和责任。如果你是团队的领导者，不要保护自己的地位或是垄断权力。下放权力，是增强团队实力的唯一方法。

6. 成功归功于团队——提高团队士气

马克·吐温说：“**只凭一句赞美的话，我就可以充实地活上两个月。**”大多数人都有同感。如果努力能获得认可，他们就愿意努力工作。因此，拿破仑·波拿巴才会说："战士们会愿意为了一小块勋章而奋战到底。"赞美你的队友，赞扬他们的成就。如果你是领导者，担起责难但不要居功。这样，团队就会为你奋斗。

7. 观察团队投资的回报——为团队增添责任感

如果在投资中注入了资金，你一定期望能够获得回报——也许不是现在，但一定能在将来有所收获。如何知晓你的投资是赔是赚？你必须时刻关注并不断衡量它的发展。

对人的投资也是如此。你需要观察你在他们身上投入的时间、精力和资源是否得到了回报。有些人进步很快，有些人反应较慢，这都没有关系。你想看到的主要结果是进步。

8. 终止对原地踏步的成员的投资——避免团队遭受更大的损失

对所有团队成员来说，最艰难的经历之一就是有队友掉队。然而，如果团队中有人拒绝为了团队的利益而成长或改变，你就不得不这样做。正如我在链条法则中所提到的，这并不意味着你对他的爱比别人要少，这只是代表你不会再将时间花在那些不愿或不能改善团队表现的人身上。

9. 为团队创造新机会——促进团队扩展

没有比为团队创造新机会更大的投资了。当一个团队有可能开拓新领域或面临新挑战时，团队的规模就必须扩大。这个过程不仅给了团队一个成长的机会，也让所有团队成员从中受益。每个人都有机会发掘自己的潜力。

10. 给团队创造最佳的成功机会——确保团队可以获得高回报

詹姆斯·亨通说过："相逢是开始，相聚是过程，相持是成功。最重要的任务之一就是清除障碍，确保团队有最大的机会可以取得成功。如果你是一名团队成员，这可能意味着你要牺牲自我或是帮助他人更好地合作。如果你是一名领导者，这意味着你要为团队创造一个充满活力的环境，随时满足所有人的需要，以确保团队能够取得成功。

投资团队几乎可以保证你的努力一定可以获得高回报，因为团队可以做的事情要比个人多得多。或者正如雷克斯·墨菲（他曾经参加过我的培训）告诉我的那样："有志者事竟成；有团队，路更多。"

我的个人投资与回报

一旦体会到投资团队意味着什么，你就将乐此不疲。只要想到我的团队——想到在我帮助队友增值的过程中他们是如何为我增值的——我的内心就会充满喜悦。我的喜悦就如同我的投资和回报一样，持续实现复利增长。

我重视团队中的每一个人，如果可以的话，我想和你说一说所有成员的情况。不过这显然不太现实，那么我至少也要让你了解核心团队中的关键人物：

· 拉里·马克斯维尔（合作 54 年）。他将领音久集团带到了一个全新的水平。他提过很多问题，确保团队精力集中，并且一直保护着我。就像是我的哥哥！

· 玛格丽特·马克斯维尔（合作 37 年）。我的妻子。她很了解我，也深爱着我。她的陪伴使我能更上一层楼，一路有她同行是我最大的快乐。

· 丹·雷兰（合作 19 年）。多年来，他一直是我的执行牧师。现在，作为一名顾问，他将我的感悟和经验与他的智慧和判断力结合在一起，帮助其他牧师。他是牧师最好的朋友，也是我最好的朋友！

· 迪克·彼得森（合作 18 年）。他负责跟踪公司的所有细节。我开门，他关门。我起头，他收尾！

· 蒂姆·埃尔莫（合作 15 年）。同样是用我的领导力材料，他的课程讲得要比我好，他为我提供的领导力材料也比我自己准备的要好。

· 琳达·艾格斯（合作 14 年）。她了解我的优点和缺点。她可以很好地代表我。她能比我更快、更好地回答有关团队的问题。

· 查理·威泽尔（合作 8 年）。经他之手塑造的人生比团队中的任何人都要多。他采纳了我的想法，整理了我的课程与大纲并将它们结集出版，广泛传播。

· 戴夫·约翰逊（合作 7 年）。他管理音久集团的资源，以扩大其全球影响力。他是一位爱我并且理解我的金融奇才。

· 凯文·斯莫尔（合作 7 年）。他用有无限的能量和无穷的潜力，他能够发现一英里开外的机会。我喜欢倾囊相授。这个回报是巨大的！

· 戴夫·萨瑟兰（合作 7 年）。他是我的王牌，是个真男人，也是一位伟大的思想家。就算没有我，他也能将公司发展壮大。但是只要我将球传给他，他一定能触地得分。

· 柯克·诺维瑞（合作 5 年）。他能很好地代表我，并且喜欢牧师和当地的教会。每晚，他都会谈论我们可以如何通过 ISS 来增值，而每晚我们也都能抓住机会。

· 道格·卡特（合作 5 年）。他喜欢与人分享我创立的非营利组织 EQUIP 的宗旨。他帮助商业人士从成功走向非凡。他将我带到了一个全新的水平。

　　到了这个阶段，我所做的一切都是团队努力的结果。第一次开设研讨班的时候，我什么事都亲力亲为。当然，其他人也为此贡献。早期，我除了授课之外，同样有可能要去动手打包和搬运箱子。现在，我只需要登台授课就行了。出色的团队帮我处理所有其他事务，就连你正在阅读的这本书也是团队合作的成果。

　　团队是我的欢乐。我愿意为团队成员做任何事，因为他们为我做了所有的事情：

- 团队使我变得更加出色。
- 团队将我的价值传递给了世人。
- 团队让我能够做自己最拿手的事情。
- 团队让我拥有了更多的时间。
- 团队可以在我无法亲自前往的地方代我。
- 团队为欢乐营造了集体感。
- 团队实现了我内心的渴望。

　　如果目前你的团队经历不如期望那般积极，那么，是时候增加投资了。为未来打造一支团队就像是为自己存下一笔储蓄金。也许开始时进展缓慢，但是你的投资会带来高额回报——就像金融里的复利那样。试过之后你就会发现，股利法则确实有效。随着时间的推移，对团队所做的投资可以产生复利。

※

关于团队合作的思考
团队对你的投资获得回报了吗?

成为更好的团队成员

队友在你身上的投资获得不错的回报了吗? 想一想你得到的机会和积极的学习经历, 你是热情地抓住了这些机会, 还是任由它们从指间溜走?

如果你始终对追求成长的机会不怎么上心, 那就从今天开始转变你的态度——下定决心, 尽力成长, 让团队在你身上的投资可以获得良好的回报。

成为更好的团队领导者

作为领导者, 你比任何人都更能决定团队的环境, 决定团队成员之间是否彼此进行了投资。首先将投资制度化, 使之成为团队文化的一部分。其次, 鼓励大家成长。为团队投资预留出时间和金钱。承担起投资核心领导者的责任。团队中的领导者越多, 发展越充分, 团队能获得的股利就越大。

后 记

很多人都在谈论团队化学反应，你常常能在体育报道中听见这个词。分析家们会说："这支球队确实很有天赋，可是队员之间没能产生化学反应。所以，他们辜负了所有人的期望。"

你可能已经注意到了，这本书里并没有提到化学反应法则。这可能会叫你觉得失望。但是，让我来告诉你为什么这本书中没有这一条。

化学反应并不是仅凭一种技能或一项技术就能创造的东西，只有实践了团队合作的所有法则，才能产生化学反应。实践的法则越多，化学反应就越强烈。每当有队员找到自己在团队中的位置时，就有助于引发积极的化学反应。每当有优秀的替补队员换下位于场上薄弱环节的队友时，就能引发更好的化学反应。每当催化剂型队员踏上赛场、第一次做出一番成绩，或是领导者找到帮助团队更上一层楼的新方法时，也能引发良好的化学反应。当队员们终能互相依赖时，化学反应的效果就会变得更好。每当团队开始实践新法则时，化学反应就会变得更加强烈——团队也会变得更加强大。

我希望你可以享受学习团队合作法则的过程。更重要的是，我希望它们可以帮你建立你梦想中的团队。践行这些法则就能赋予团队更大的力量。我向你保证！